LOCUS

LOCUS

LOCUS

LOCUS

Smile, please

Smile 88 絕對做得到的持續術

「続ける」技術

作者：石田淳

譯者：邱麗娟

責任編輯：林慧雯、繆沛倫

封面設計：林育鋒

美術編輯：蔡怡欣

出版者：大塊文化出版股份有限公司

台北市105南京東路四段25號11樓

讀者服務專線：0800-006689

TEL：（02）87123898　FAX：（02）87123897

郵撥帳號：18955675　戶名：大塊文化出版股份有限公司

法律顧問：董安丹律師、顧慕堯律師

First published in Japan by FOREST Publishing Co., Ltd., Tokyo

This Complex Chinese Edition published by arrangement with

FOREST Publishing Co., Ltd., Tokyo in care of Tuttle-Mori Agency, Inc.,

Tokyo through Future View Technology Ltd., Taipei

總經銷：大和書報圖書股份有限公司

地址：新北市新莊區五工五路2號

TEL：（02）89902588（代表號）　FAX：（02）22901658

初版一刷：2009年3月

二版一刷：2020年4月

定價：新台幣250元

Printed in Taiwan

「続ける」技術

絕對做得到的持續術

石田淳

IS行爲科學管理研究所所長

邱麗娟——譯

持續，就是力量。

前言

「我是個意志力薄弱的人，不管做什麼事都做不久……」

有時候，你會不會閃過這樣的念頭？

但是我要明確地告訴你，這個想法是錯的。

無論是長時間持續做一件事，或是立刻遭受挫折而中途作罷，都和你的「意志」沒有任何關係。

反過來說，有時候就算你意志相當堅定，但怎麼樣就是無法持續做一件事。也就是說，「有志者，事不成」的情形不是沒有的。

那麼，爲什麼事情會做不下去呢？

究竟要怎麼做，才能夠不至於「虎頭蛇尾」，而持之以恆地做完一件事情呢？

在本書中，我將要告訴各位讀者做事能持之以恆的祕密（解決方式）。

學習、工作、鍛鍊、減肥、戒菸……

有許許多多的事情，都得堅持下去才看得到成果。

比方說，雖然你知道想要達成自己的目標有哪些好「方法」、好「步驟」，但問題是：「你能不能持之以恆？」你能不能貫徹這些方法、這些步驟？如果不能貫徹，事情終究不會有成果。

於是，你拚了命地「下定決心」，努力提振自己的精神。

「我絕對要撐下去！」

「我怎麼能半途而廢！」

可是，結果依然……

「終究還是撐不下去。」

接下來，你的心裡是不是就這麼想：

「我真是個意志不堅的人哪。」

或者，你會這樣發揮阿Q精神：

「哎呀，這種事趁早打住也好啦！」

太可惜了！

這眞的是太可惜了。

做一件事無法持之以恆，問題並不是出在你意志不堅，或是精神不專。

如果你能夠持之以恆地進行一件事、直到獲致具體成果，也許你的人生風景會有所不同。

這本書，便是要教導讀者發揮自己的「持續力」。書中提及的方法，都是根據「行爲科學」而來。行爲科學是專門研究人類「行爲」的學科，因此據之發展出來的方法，是符合人性的。

本書將美國ADI公司所研發的「行爲管理」（以科學數據爲基礎，經過各項實驗與驗證，所進行的組織管理）加以個人化處理後，寫成「絕對做得到的持續術」，介紹給各位讀者。

「絕對做得到的持續術」和一個人意志是否堅強、有沒有耐性，完全沒有關係。

「絕對做得到的持續術」和你的個性、年齡沒有關係，也和花錢與否毫不相干。

也就是說，只要有心，這個 know-how「任誰都做得到」。

簡單地說，這個 know-how 的重點只有兩個：

1 增加某項行爲。

2 減少某項行爲。

只要能夠做到這兩點，就一定能夠達成目標。

此外，這些「行爲方式」當中，也都有訣竅在。

如果這本書能夠幫助各位讀者不再半途而廢、從而完成了不起的計畫，將是筆者莫大的榮幸。

那麼，接著就來探討「絕對做得到的持續術」吧。

在**第1章**，我們先來看看「撐不久的狀態」。讀者當中也許有不少人覺得這些情形似曾相識。

無論下了多大的決心，就是無法堅持下去……。在這一章，你可以找到自己的實際情形。

在**第2章**，我們將會探討「爲什麼事情進行不下去」。我將會告訴讀者，爲什麼光靠精神力量是無法堅持下去的。

在**第3章**，我們將逐一介紹「絕對做得到的持續術」。在此我會具體告訴讀者：做哪些事情，可以讓事情繼續進行下去。

在**第4章**，我們將一步一步地告訴各位「絕對做得到的持續術」的具體做法有哪些。當你想要繼續做某件事時，可以試試這些方法。

在**第5章**，我們將稍微介紹「絕對做得到的持續術」有哪些小訣竅。

有沒有用這些「魔法小訣竅」，結果可是大相逕庭喔。

在**第6章**，我將會舉幾個實例，這些案例都是使用本書所提的做法而達到各種目標的。

誠摯希望各位讀者也能善用本書所介紹的做法，實現自己的各項目標。

正式開始本書之前，我要再度重申：

事情做不久，實際上和你的「意志力薄弱」是沒有關係的。

眞正攸關的，不過是你知道不知道「持續下去的方法」罷了。

#「絕對做得到的持續術」目次

第3章 檢查自己的行為，就能夠持之以恆！

第4章 「持之以恆技術」Step by Step！

第5章 持之以恆有哪些小訣竅

第6章 藉助行為科學，便能持之以恆

——第1章出現的人們

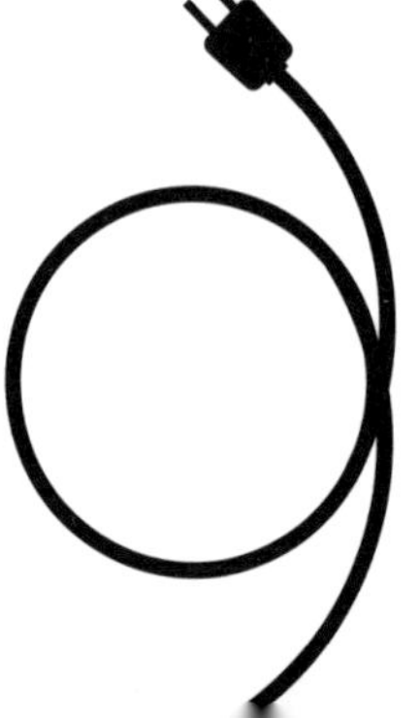

第一章

啊——終究無法堅持下去……

故事
1

枉費下了這麼大的決心——進修英語會話

A君今年三十歲，未婚，目前在原料工廠工作。打從一進公司，他就兢兢業業地在第一線的業務上打拚。

近幾年，公司的海外事業大幅成長，國外訂單突然暴增，因此應徵新人時，都會要求必須「諳英語」，所以進公司的大多數晚輩們都會講英語。由於越來越常與國外聯絡、通信，公司主管後來也要求A君這一輩的職員要會說英語。

（好！我就來拚一下吧！）

很快的，A君便跟英語補習班報名，開始了每週一次的課程；講師是個以英語爲母語的外國人。照這樣下去，A君很快就能說得一口流利的英語了。

第一天上課的時候，A君就被上課的氣氛給震懾得滿頭大汗，不過他覺得還滿有收穫的。

他還特地翻出平常不用的袋子當做「英語補習班專用袋」，在袋子裡裝進英語課本和其他上課用品。

但是呢，人算不如天算。

那陣子適逢公司擬了個新企劃，加班的情況很常見。別的同事都在加班，自己先行離開實在說不過去，於是他便跟著留下來。結果，那一整個月A君只有去補習班上過一次英語課。

（補習的時機還真是不湊巧啊。）

不過，付出去的補習費對A君來說可不是一筆小數目。這樣下去的話，錢就白白浪費了。

（那我至少在家裡自己先研讀一下教材吧，等公司的企劃告一段落之後再去上課好了。）

平日，A君的興趣是上網。幾年前，他曾經做了個網頁，在網路上交了不少網友。

平常他一回到家，第一件事便是打開電腦，上自己的網頁留言版看看有什麼新留言，然後回覆。除此之外，他每天都會寫寫電子郵件、逛逛朋友的網站、瀏覽一下藝人的部落格。當初挑選英語補習班的時候，他也是先看了網路上的資料才決定的。

（已經凌晨一點了啊。結果今天根本沒唸書。）

雖然心裡覺得有點內疚，但A君轉念一想：「明天再發憤圖強，開始認眞讀書吧。」之後，便躺平入睡了。

隔天，補習班方面打電話給A君。

「您最近都沒有來上課，請問是不是發生了什麼事？」

「呃，因爲公司有個新企畫正在進行，無法分身……」

他慌慌張張地跟對方解釋，並且告訴對方這陣子他很忙、沒辦法去上課，不過他會在家先自修，等工作忙一個段落之後會再回去上課。

跟補習班人員談過、謝謝對方的關心後，A君掛上電話。

（就這麼決定了！今天晚上我一定要好好唸書！）

結果，那一天A君依舊加班到很晚，拖著疲累的身軀回家。照例，他回到家的第一件事便是做網頁管理，因爲他覺得放著別人的留言不予理會很沒有禮貌——就只有這個不能放著不管啦。儘管瞥見了放在一旁、裝有教材的上課專用袋，A君還是在唸書前先上線管理網頁。

（糟糕！已經凌晨兩點了。）

就這樣，在網站上漫無目的地閒逛、瀏覽，時間又這麼一點一滴地流失了。隔天一大早要開會，於是A君趕緊沖了個澡，整理整理工作的資料，之後便上床睡覺——還是沒有讀書。

公司的企劃後來雖然順利地上了軌道，但是A君已經沒有繼續唸書的心情了。他特意準備的上課專用袋就這樣放在房間的一角，蒙了一層灰。

故事
2

明明很在意體重的——減肥

春子是個粉領族，進目前這家公司還不滿一年。

她天性活潑開朗、充滿活力，因此半年前在求職競爭中一路過關斬將，打敗許多對手，進了夢寐以求的這家廣告代理商。實習的期間，公司雖然沒有指派什麼重要的工作給她，但是得以進入憧憬已久的廣告界，春子還是相當開心。她經常羨慕地看著平常和藝人們往來的前輩們，內心期許著自己哪天也能夠像這些前輩一樣表現耀眼。

春子持續地做著連同期都不願做的雜事，即使每天加班也沒有絲毫怨言。這一切，都是爲了能早日獨挑大樑……。她在腦海裡勾勒著未來的場景：公司將重要工作交給她，她過著光鮮炫目的生活，並且腳踏實地地磨練工作能力。

對於單純而認命的春子來說，目前她只有一個煩惱——就是身材。或許在旁人看來，她的身材只不過「有一點點胖」，但是她本人可不這麼認爲；她覺得自己「實在太胖了」。

打從小時候，春子就很喜歡吃，尤其對於甜食完全無法抗拒。進入青春期之後，她就一直很在意自己的身材，但即便如此，她就是沒辦法戰勝誘惑、拒絕甜食。開始上班之後，她變得更加愛吃了。跟學生時代比起來，春子現在足足胖了六公斤。

（不能再這樣下去了！）

春子終於有危機感了。這是因爲，她的身邊出現了一個她心儀的對象。

這個人是公司的前輩，比她早兩年進公司，工作能力強，做人又體貼，對任何人都很親切友善。雖然稱不上是大帥哥，但仔細看的話覺得長得還滿端正、滿好看的；春子越來越注意這個前輩。

但是，這位男士似乎並沒有特別注意到春子這個人。他對春子的態度跟對其他人沒什麼兩樣，都很親切，但是也僅止於此。春子的腦海中，掠過了一絲絲的自卑。
（我長得太胖了，跟他告白的話，他八成會覺得很困擾吧。）
春子站在鏡子前面大大地嘆了一口氣。就是因爲長得太胖，才不能穿漂亮衣服的。
從小到大，春子早就習慣暗戀別人了，但是這次不一樣。這次，她開始認眞地希望對方能回頭多看她一眼。
（好，我要減肥。要減肥！）

由於平常沒有什麼時間做運動，所以春子先從「控制飲食」著手：避免食用含油量太多的料理、飲食以蔬菜爲主、不吃零食……，這些做法都是從減肥書上學來的。
只不過，不消幾天，她堅強的意志就全盤瓦解了。某日，在便利商店提款機提款後，她不知不覺地又走向零食區。當她回過神的時候，已經買了最喜歡的布丁和咖啡歐雷。

（今天就好。對，就只有今天。）

給自己找了個藉口後，她便把布丁往嘴裡送。優雅的甜味刺激著味蕾，春子的全身感受到幸福的悸動。

所謂「有一就有二，無三不成禮」，一旦破戒，她的減肥計畫就維持不下去了。春子又恢復了往日惡習：每當到便利商店買午餐時，總不忘再買個甜點。還不只如此呢！她會在公司吃泡麵當宵夜，半夜回到家後再吃一頓正餐。就連泡澡之後，她都要喝上一杯糖滋滋的清涼飲料。儘管她自己覺得不能這樣放縱口慾，但就是抵擋不住食物的誘惑。

看來，春子還是只能繼續「暗戀」。

故事3

不管戒幾次總是虎頭蛇尾——戒菸

C君是個癮君子，目前在一家公司擔任中階主管。

他不只一天要抽多達四十支的香菸，在家裡還會抽菸斗。抽菸可說是他唯一的樂趣，也是他紓解壓力的唯一方法。除此以外，他沒有其他的興趣。

只要在不抽菸的人身邊，C君就絕對不抽菸，因此他認爲自己並沒有給旁人帶來什麼困擾。抽菸是他生活中的小小樂趣，爲了守護這個樂趣，他很淸楚地表示自己能夠理解不抽菸的人所持的主張。

原本C君腦子沒動過什麼戒菸的念頭，但最近他的公司決定全面禁菸，這給了C君一個戒菸的機會。

C君這個老菸槍心想：

（我看，我就利用這個機會戒菸吧。）

如今，「抽菸的同好」已經比過去幾年少了很多。在職場上，抽菸的人現在已經是少數。或許禁菸是時代的潮流吧。

恰好C君已經年屆五十，是時候要開始注意健康了。何況戒菸還能省下一筆錢，算是一石二鳥。

（好！戒吧！）

C君個性低調，不太喜歡引人注目，他覺得大剌剌地宣告自己要戒菸很不好意思，所以便悄悄地開始戒菸。

上班的時候，他可以努力忍著不抽菸。問題是：下班後，到了常去的居酒屋時，他就看到老客人們在那裡大肆吞雲吐霧。

「老C，怎麼啦？你在戒菸啊？」

「有點感冒啦。」

雖然他可以找個理由搪塞過去、不要抽菸，但是看到抽菸的人，他還是會心癢癢的、很想來上一口。C君付了帳離開居酒屋後，便逕自往車站走去。目不邪視地步行、搭車，盡可能不去看香菸自動販賣機。

（危險、危險！差點就要破功了！）

回到家的時候，其他家人都已經吃過晚餐。孩子們都待在二樓，應該是在打電動吧。

電視節目中，年輕的演員賣力地演著短劇。C君獨自一人一邊呆呆地看著節目、一邊吃著飯，還喝了兩杯酒。

酒足飯飽之後，他又想抽菸了。

C君絕不是一個意志薄弱的人。但是這個時候，幾分酒意似乎使得他戒除菸癮的決心動搖了起來。猶豫了好幾分鐘之後，他終於開口對妻子說：

「菸灰缸在哪兒……」

戒菸的第一天，他就破戒了。

（沒關係，明天再開始戒就好了。）

這一天晚上，C君欲罷不能地一連抽了五根菸。看這態勢，要戒掉菸癮可沒有這麼簡單。

（只要別在公司抽菸就好了吧。）

幾天之後，C君轉而開始把公司頂樓當成抽菸室，他打算午休的時間到這裡抽個過癮。正當他點上第二根菸的時候，他的下屬也出現在頂樓。這傢伙也是個癮君子。

「果然哪，只剩這裡可以抽菸了。」

「聽這話，你也常來這兒啊。」

「這裡是最後的地盤了，是我們的聖地。」

「眞是丟臉啊。」

說著，C君舒服地大大吐了口煙。

故事4

不知道為什麼，房間一下子就亂了——整理居家環境

美靜夫妻倆都在上班。結婚之後，美靜依然活躍於職場、待在原工作崗位上，到目前已經是第十年。

丈夫的薪水拿來做生活費，美靜的薪水則是全部存起來。夫婦兩人的夢想，是在都市買個房子。由於孩子們不想轉學，於是全家人一致決議，在最小的孩子上高中之前，都要住現在住的房子。

夫妻兩人的收入還不錯，家境算是小康。不過呢，居家環境卻令人不敢恭維，說白了，根本是一片凌亂。如果美靜是全職家庭主婦，就能夠每天整理，房子也就不會這麼亂。但是美靜有自己的工作，而且在公司擔任重要職務，工作變得越來越有趣，無暇兼顧家裡的事情。

一進家門，映入眼簾的常常就是兩個裝滿垃圾的袋子。雖然前一天是收垃圾的日子，但是每天早上都睡到快來不及上班時才起

床，匆忙之餘常常忘記拿垃圾出去倒；如果提早在晚上將垃圾拿出去，恐怕會遭鄰居白眼，所以垃圾就經常這麼擺在門口。

客廳的情況也好不到哪兒去。孩子們脫下的衣服散落一地，零食的空袋子、便利商店的便當盒、報紙、雜誌等隨處亂丟，連想要找塊「淨土」站都沒有辦法。

「你們好歹整理一下這裡！」

看不過去的時候，美靜就會訓斥孩子。

「不是說好要保持客廳整潔的嗎？」

「跟我沒有關係喔，是哥哥弄的。」

「你們兩個一塊兒整理！不然待會兒爸爸回來又要罵人了！」

「等一下啦。」

結果，美靜只好一邊叨唸著、一邊自己動手整理起來。

不過，說是「整理」還太抬舉了。美靜的「整理」不過是移動一下東西的位置、把垃圾包成一包——根本算不上什麼整理。

「我回來了。」

說曹操，曹操到，丈夫回來了。一進家門，他的臉色馬上一凜，顯得很不高興。

「好髒啊。」

「你這也算打掃啊？」

「根本沒在整理嘛。」

「要抱怨跟孩子們說去。我也很累。」美靜忍不住回嘴。

週末，丈夫提議召開一次家庭會議。由於看不慣家裡老是亂成一團，於是在家庭會議中立下了規矩，分配家事給所有成員。美靜負責廚房和客廳，丈夫負責門口和走廊，孩子們則要管好自己的房間以及庭院。此外，用完的東西一定要自己收拾，物歸原處。

之後有好幾天，房子變得清爽許多。但是隔了一陣子，又慢慢恢復了原貌。

還不到半個月，就又亂得令丈夫受不了了，終於把不滿一古腦地發洩出來。

「美靜，妳這裡好歹整理一下吧。」

「又不是我弄亂的。」

接下來的對話似曾相識。夫妻倆情緒越來越激動、越發吵得不可開交，最後還扯到兩個人都上班的事情上。

「家事是全家人的責任，爲什麼出問題全怪到我頭上啊？結婚的時候，是誰說要一起分擔家事的？」

兩個人都非常激動，講話的音量也越來越大。

眼看事情大條了，兒子們於是加入勸架的行列。但是激動的夫婦哪裡聽得進去？雙方都不願意退讓一步。

兒子們自討沒趣後互相看了一眼，便各自離開了吵架現場。

故事
5

我還以爲這是「成功的祕訣」呢——寫日記

「商場上的成功人士，都有寫日記的習慣。」

E君現年三十多歲，是個上班族，一心夢想著將來自己創業，目前正悄悄地私下做準備。他讀過不少創業成功人士的經驗談，從中發現了一件事，便是：這些成功人士當中，有很多人都有寫日記的習慣。

「原來如此！祕訣就是日記！」

寫日記記述每天發生的事情，可以維持一個人的動力，因此「寫日記」經常被視爲通往成功的方式。E君認爲，或許這正是實現夢想的捷徑。於是他便到書店買了日記本。

他在封面寫下「掌握成功的行動日記」幾個字。

他拿著日記本，在腦袋中勾勒自己成爲實業家、神采奕奕地工作的樣子。此外，他還想起每天碰面的上司和同事……

（不久就要跟你們莎喲娜啦囉。呵呵呵……）

他翻開日記本的第一頁，寫下了自己的目標和計畫。雖然它們現在看起來像是妄想，但是他打定主意要實現這個理想。

他斟酌了半天、在書架找了個「最好的」位置，把全新的日記本塞進去，然後打量著日記本的書背。他的心中燃起前所未有的雄心壯志，那天晚上他興奮得幾乎無法入睡。

最初，他是打算只在日記本裡寫跟創業有關的內容，但是因爲有正職在身，無法專心地做創業準備，漸漸地就沒有什麼東西可以寫了。買下日記本還不到一個禮拜，他所記述的內容就已經變得千篇一律：

「創業資金目前累積有〇〇〇萬元」、「在網路上發現了物美價廉的物件」、「今天去聽了同業人員的演講」、「買了跟創業有關的書籍」……

苦於缺乏創業內容的E君，開始轉而從平日的新聞中尋找素材。由於E君覺得培養經營 sense 很重要，於是他便從報章、雜誌上剪下跟創業有關的消息，在日記上寫下自己的評論。

不過，這件事他也是虎頭蛇尾，沒多久就作罷了。做資料剪報很麻煩，所以漸漸地他就懶了下來。

（不要看文字資料了。改看電視新聞好了。）

就這樣，E君轉而從新聞專門頻道尋找相關的題材，但這個方式也進行得沒有想像中順利。他覺得有興趣的新聞太多了，很多時候他就這樣拿著啤酒一直盯著電視看，不知不覺時間就過去了，一路看到深夜，但都是走馬看花，沒有理出什麼深刻的想法。

（明天要早起，先睡吧。再另外找時間評論剛剛看的新聞。）

此外，網路也誘惑著E君。雖然回家後看看有沒有來信是好事，但是讀完電子郵件後，E君總會開始無意識地瀏覽網頁。創業補習班的網站是他每天必逛的，如果內容有更新，他就會很仔細地閱讀。另外，他也會跟在這個網站上認識的網友通信，或者在留言版上討論事情。

（這樣根本沒空寫日記……）

E君寫日記的「習慣」，總計只維持了十天。

日記本就這樣放在書架上又過了好幾個月。現在，他根本不會注意到塞在架上的創業日記本。取書或放書的時候，他偶爾會瞥見日記本的書背，但是已經連拿都不會想拿它了。

（再過一陣子我一定會寫。但是最近我實在沒空。）

在陽光的照射下，日記本的書背不斷地褪色，就如同它在主人的記憶中逐漸淡去，乃至遺忘。

本章所介紹的小故事，在第六章還有後續發展。

下一章開始，就要介紹本書重點——「絕對做得到的持續術」，

讀者你……準備好了嗎？

第2章

爲什麼「事情進行不下去」

◎即使知道做法，也撐不久……

做一件事無法持之以恆，原因其實只有兩個：

無法持之以恆的原因① 不知道具體的做法；

無法持之以恆的原因② 雖然知道做法，但是卻不知道要怎麼樣才能夠「持續下去」。

先談談原因①「不知道具體的做法」。進行某件事的時候，一般人大多會對做法有一定程度的了解。例如：「減肥的方法」、「提升英語會話能力的祕訣」等等，在書店都可以找到許多介紹具體做法的書籍。

對於不知道要怎麼做才能達成目標的人，只消知道「要採取什麼具體的做法」，就可以了。

所謂「自我管理」，便是指：當你爲了私人的理由而想要「持之以恆地」減肥、練習英語會話等等時，應該要淸楚地知道①所說的「做法」。

那麼，「無法持之以恆」的原因，又是什麼呢？

比方說，持之以恆地減肥……

坊間流傳著各種各樣的減肥方法，因此「知道做法」大多不是問題。

基本上，坊間盛行的減肥方法原理不外是「限制卡路里」或者「消耗卡路里」等等。個人可以根據自身的特殊情形與考量，從各種減肥方式當中選擇比較適合自己的方式。

「要怎麼做，才能夠控制卡路里？」

「我要做什麼樣的運動才好呢？」

「我要做什麼事情好呢？」這個問題在你選擇減肥方法的時候，就應該已經知道了。

「我一天最多只攝取○○○卡路里！」

「一個禮拜我要做兩次有氧運動。就從在住家附近慢跑開始！」

提升英語會話能力，情況也類似……

若是想要提升自己的英語會話能力，最快的捷徑不外是「加強聽力」與「多練習發音」這兩個方法。

市面上售有不少英語會話的教材，基本上工具是不虞匱乏。此外，也可以藉由光碟、錄音帶、電視節目或者廣播講座進行練習；當然，去補習班上課也是可行的方式。

個人選擇適合自己的方式，按部就班地進行，就可以了。

「每天晚上一邊讀這份教材、一邊聽這張光碟！」

但問題是……「無法持之以恆」啊！

◎「無法持之以恆」會教人信不過

現在，已經知道「做法」了。

對你來說，眼前最大的問題是：「怎麼樣才能夠持續做下去」，也就是——「自己一個人無法持之以恆」。

「是自己下定決心要做的，卻無法持之以恆。」

「無法達成預計的目標。」

「進行中途就遇到了挫折。」

以上這些，都可以說是「不知道怎麼樣才能繼續進行下去」最主要的理由。

無論你學了什麼多了不起的技巧，如果不知道怎麼樣才能持之以恆，事情終究無法做好。

再怎麼「效果確實，成效卓著」的技術，前提是「能持之以恆地進行下去」，才看得到最終的效果。

俗話說得好：「滴水穿石。」持續，就是力量。

換個角度來看。做事無法持之以恆的話，又會如何呢？無法達成預定的目標，這點沒話說。除了「什麼都得不到」之外，通常還會得到以下這類評價……

「不出所料，那小子又中途放棄了。」

「眞是個意志薄弱的傢伙。」

「本性難移啊！他天生就是沒耐性吧。」

就像這樣，無法持之以恆、做事無法「進行到底」的人，人們對他的評價便會下滑、信任會打折扣甚至完全失去信賴。當事人本身也會因此喪失自信，往後要開始做什麼事都會悲觀地想到：「搞不好又會中途受挫。」

那麼，做一件事情要堅持到底，必要條件是什麼呢？

堅強的意志力？

與生俱來的才能？

「行爲科學」完全否定上述論調。

人們無法持之以恆地進行一件事，原因不是出在他個人「意志薄弱」，也不是這個人本身的「才能」或「性格」出了問題。人們無法持續進行一件事，實際的原因乃是：

「因爲行動沒有焦點。」

這一句話就夠解釋這件事了。

一件事無法持續做下去，其實跟你「本身會什麼事情、不會什麼事情」是沒有關係的。若因爲碰巧不知道「持之以恆的方法」就遭別人嚴厲批評，因而陷入負面思考，實在不值。如果就這麼度過你的人生，那麼你好不容易擁有的能力也無法開花結果。

有沒有興趣試試「行爲科學」的方法，體驗體驗靠自己努力到最後的經驗呢？貫徹最初的志向會成爲無可取代的成功體驗，令你對自己恢復信心。此外，周遭的人對你的評價也會有所不同。

讀過這本書的人，一定可以變成「能持之以恆的人」。不管你是想要減肥、鍛鍊體能、提升外語能力，還是戒菸等等，我們跟你保證：你一定可以達成目標。

「眞的嗎？」

「我沒什麼信心欸……」

「我沒什麼耐性，一定又中途放棄的啦。」

不不不，別再這麼說。任誰都做得到「持之以恆」的，你也不例外。

「增加」、「減少」這兩種行爲模式，你採用的是哪一種？

◎兩種行爲模式

一般人想要持續進行的行爲，可以分成兩種模式。

第一種行爲模式是：「增加不足的行爲」。比方說：持續學習英語會話、長期鍛鍊體能等等。

第二種行爲模式是：「減少過度的行爲」。比方說：戒菸，或者爲了減肥而避免過度攝食等等。

無論是什麼行爲，「持續下去」的模式都是兩者之一。爲了持續某件事情，而想要增加的行爲、或是想要減少的行爲，這些成爲努力目標的行爲我們稱之爲「**目標行爲**」。

在你「胡亂地」持續努力一通之前，首先要搞清楚：你的「目標行爲」是什麼？是有必要增加的「不足的行爲」呢？抑或者是因爲過多而想要減少的「過度的行爲」？應該要確立下自己的課題，進而選擇有效的方法。這便是「持續進行一件事」的祕訣。
接下來，我們一項一項地說明。

◎爲什麼「不足的行爲」難以增加？

所謂「不足的行爲」，是指你想要增加、想要開始從事，卻怎麼也增加不了的行爲。

有些事情，你很清楚「持續下去的話，對自己會很有幫助」、「這些將來可以爲自己帶來正面的結果」，但是現在卻遲遲無法進行、或者總是持續不了多久，這類行爲就是「不足的行爲」。

「爲了減肥，每天要慢跑三公里。一個月下來就可以跑九十公里，能消耗不少的卡路里。好！我絕對要做到！」

就行爲科學上來說，前述這個人所做的事情，便是我之前所提及的「增加不足的行爲」。

為了重拾窈窕健美的體態以及健康，這個人決定減肥，他必須「增加」跑步這項行為。

「雖然是開始練習英語會話了啦，但是才練習一天而已，實在太短了。」

「我為了減肥而開始跳繩，不過次數不多。」

「生菜沙拉有益身體健康，我有心每天吃一盤，但沒有做到。」

以上所提的練習英語會話、跳繩、吃生菜沙拉等等，都是「不足的行為」。

「持續的時間」與「進行的次數」沒有達到目標的行為，都算是「不足的行為」。當你想要開始從事某項新事物時，都是在「增加不足的行為」。

進行不足的行為有一個很大的關卡，那就是「**無法立刻確知成效如何**」。

「減少體重。」

「考上理想的學校。」

「想要用英語和國外廠商交涉。」

我們會為了達成上述目標而從事運動、準備考試、進修英文，但是達到目標之前，還需要經過一段漫長的時間。

換句話說，因為上述活動都屬於「不長時間持續進行，就沒辦法看到成果」的行為，所以人們才會沒辦法堅持下去。

這麼說讀者或許會覺得一頭霧水。我再舉個簡單的例子：如果每次跑步就能夠減少一公斤的話，結果會如何呢？你應該會持之以恆地跑下去吧。因為很快就看得到成果，這會成為你強大的動力。

同樣的，如果讀一個小時的書，考試成績就可以增加十分的話，又會如何呢？

如果聽一個晚上的CD，隔天就可以開口說英語了？

如果事情眞有這麼簡單，我想任誰都不會覺得挫折了吧。

但天底下沒有這麼便宜的事，我們從來沒見過有誰跑步一次後體重就明顯下降的。

「跑步的效果無法立刻呈現。」

「今天有沒有跑步，看起來沒差多少啊。」

就是因爲這樣，慢跑才無法持續下去。

◎哪些作爲阻礙了「不足的行爲」？

除了「無法立即收效」導致缺乏動力，當你要增加不足的行爲時，還會有一些誘惑阻礙你的努力。

我將這些誘惑稱爲「**敵對行爲**」。「敵對行爲」會阻礙那些想持續某些事情的人們的行動。比方說：

明明該出門慢跑了，但就是會習慣性地「打開電視機，看一下電視」。

「敵對行爲」不費吹灰之力，當然吸引人囉！

明明在進行減肥計畫，但一不小心就吃了蛋糕。

唸書的時候到了，明明應該拿「英語會話教材」來讀，但伸手拿來的卻是漫畫書。

「開電視」、「吃蛋糕」、「拿漫畫」……以上這些，都是你要增加「不足的行為」時所遭遇的「敵對行為」。

這些「敵對行為」都算是享樂，而且很吸引人。即使你下定決心要持續進行「不足的行為」，「敵對行為」還是會強烈地誘惑你。

「嗯……怎麼辦才好呢……」

通常，在經過一番天人交戰之後，你總會找到理由為自己開脫——你總是會找個藉口去吃蛋糕；把英語會話教材擱在一旁，去看漫畫；忘掉慢跑減肥這回事，繼續懶散地看電視。

「我看今天就算了。明天再開始吧……」

「明天再做就好了……」

相信大家都有這樣的經驗吧？

那麼，爲什麼人總是無法抗拒「敵對行爲」的誘惑呢？

那是因爲：「敵對行爲」在你做的瞬間，馬上就可以得到「**你所期望的結果**」。這怎麼說呢？

當你切下蛋糕來吃的時候，鮮奶油的滋味就在吃的瞬間在你的嘴裡漫開，令你感到一陣快感。

同樣的，我們通常會在「看電視」和「看漫畫」的同時感到快樂，「輕鬆獲得快感」便是「敵對行爲」的魔力。

可以說，「敵對行爲」做來是毫不費吹灰之力。只消打開電視開關「而已」，只要翻開漫畫「而已」，只要把蛋糕放入口中「**而已**」。因爲你知道做這些行爲可以輕輕鬆鬆地獲得快感，因此最終總是不敵它們的誘惑。

另外一方面，要增加「不足的行爲」時，在達到目標之前需要個人的努力，例如要花時間、費功夫、要耗費成本等等。也就是說，在你達成目標之前，會有難關阻礙著。

要去慢跑，就得特地換上舒適寬鬆的運動服。

此外，你還必須用穩定的速度跑上特定的距離才行，整個過程常常會令人覺得很難熬。

而且，不管天氣是好是壞，你都得出門。

「我看今天就別跑了。」

就這樣，你終於主動投降、中止練習。

想要開始從事一項新事物，是需要精力的。「不足的行爲」原本就**還沒有養成習慣**，所以對於想要開始增加「不足的行爲」的人來說，其心理門檻的高度可以說超乎自己的想像。

更不用說魔力十足的「敵對行爲」在一旁向你招手、誘惑著你，也難怪你會昏頭昏腦地屈服於這些誘惑下了。

簡言之，我們之所以沒有辦法持續慢跑，一個重要理由就是：「不足的行爲」門檻很高，而「敵對行爲」的誘惑又很強，所以一般人都堅持不了多久。

◎爲什麼無法戒除「過度的行爲」？

接著來談談「過度的行爲」。簡單地說，「過度的行爲」是指想要戒除卻又戒不掉的行爲。

生活中比較常見、易於理解的「過度的行爲」包括：菸癮、酗酒、嗜賭等等。

一般人「明明知道對自己有害無益，可是就是戒不掉」的這些行爲，就是「過度的行爲」。

「爲了健康，我看就把菸給戒了吧。這麼做的話，還可以省下一筆錢，可算是一舉兩得。好，我絕對要戒菸！」

這位癮君子意識到抽菸的害處與戒菸的好處，他打算做的事，就行爲科學上來說，便是「減少過度的行爲」。

除了抽菸，還可以舉酗酒爲例。大家都知道，飲酒過量會損害健康，酒癮嚴重的人甚至可能酒精中毒。

賭博也是一樣，一旦沉迷就會難以自拔，手頭的錢輸光了還可能借錢繼續狂賭、以求翻本。有的人會在受到重大教訓後才清醒，好好地思考起「戒賭」這件事。但是「好了傷口就忘了疼」，賭徒常常很快就故態復萌。

菸癮、酗酒、嗜賭……等等，都是「過度的行爲」。

那麼，爲什麼「過度的行爲」會這麼容易令人沉迷其中？關於這一點，各位只要想想我們前面所提的「敵對行爲的魔力」，就不難理解了。

「過度的行爲」同樣屬於享樂性質，做這些事可以立即且確實地達到自己期望，也就是「快感」。

沒錯，「過度的行爲」之特色和「敵對行爲」很類似。都是屬於**「自己不需要特別努力，也可以簡單地持續下去」**的行爲。

不足的行為
過度的行為
將來的結果
正面的
負面的
成果(好處)
很難立即確認
好遠啊……
能夠立即確認
已經到了！

習慣抽菸的人，一抽菸就會覺得通體舒暢。據說，尼古丁跑遍全身時的快感，是任何事物都比不上的。

喝酒也一樣。酒一入喉，馬上就覺得相當甘美，感覺很舒暢。

至於賭博，則是可以在下賭注的瞬間，接近一夕致富的夢想。

正是因爲可以立即而確實地體會到「行爲所帶來的結果」，所以這些行爲想戒也戒不掉。

那麼，假如這些行爲沒有上述那些可以立即且確實體會到的後果，情況又會怎麼樣？

如果這些行爲非但不會讓人體驗到快感，反而會使人「立即且確實」地感受到痛苦的話，應該不會有人樂意繼續下去吧。

比方說，在抽菸的那一瞬間就感到呼吸困難，那麼還會有人想抽菸嗎？

又比如：在喝酒的同時就覺得想吐，那麼還會有人愛喝酒嗎？

如果做一件事只會覺得痛苦、絲毫感受不到什麼快感，任誰都不會想要繼續做下去才對。沒有辦法抽菸、喝酒的人，就是那些體質上抽了菸、喝了酒也不會得到快感的人吧。

賭博這件事也是一樣。如果沒有任何勝算，賭的時候就不會有刺激感與夢想，自然令人興趣缺缺。

押「明天外星人會造訪地球」而中獎的人，可以獲得一百萬倍的下注賭金。

就算再怎麼喜歡豪賭的人，應該也沒有興趣去賭這一場吧。因爲顯而易見，一定會賭輸。

但現實的情況是：菸和酒能夠讓人陶醉於舒服的感覺，而賭博則會讓人沉醉於刺激感。

也就是說，大家之所以戒不掉「過度的行爲」，是因爲做那些事情**「可以立即且確實地感受到快感或好處」**！

◎有什麼方法可以阻擾「過度的行爲」？

可惜的是，「過度的行爲」很難產生「敵對行爲」，就算有，後者也很難有效地發揮取代功能。

比方說，你決定用烏龍茶來取代酒，以求戒除酒癮，但是無論如何就是忘不了黃湯下肚的滋味。

「哎呀，喝茶還是不夠味啊。我還是點杯啤酒好了……」

「我只要再看一場賽馬就好了，最後一場、最後一場……」

「我再打三百元的柏青哥就回去……」

過度的行爲本身就頗具誘惑力。如果說這類作爲會有什麼麻煩的話，不過是遭家人嫌惡或是荷包變薄，對本人並不會造成太大的傷害，而且這些傷害「並不會立即且確實地發生」。

說到「過度的行爲」，其問題甚至不是「難度很低」，而是「根本沒什麼難度」，只要你想做就做得成。這也就是爲什麼我們一般人常常無法順利地戒菸、戒酒、戒賭。

雖然人的這種種作爲我們統稱爲「行爲」，但是哪些是「不足的行爲」、哪些又是「過度的行爲」，希望大家能明辨，了解其間的差異。你今後想持續進行的「目標行爲」，是屬於哪一種呢？

◎持續有「捷徑」

過去，我也常常做事三分鐘熱度，什麼事情都做不久。

比方說，長大成人後開始學英文的時候，我也十足吃了許多的苦頭。

有人跟我建議「聽廣播的英語會話效果比較好」，於是我便上書店買了教材，但是並沒有每回聽播放內容。雖然我將教學節目錄下來，但之後常藉口「太忙」、「太累」，並沒有確實回頭聽這些錄音。

「明天再整理就好了。」

不知怎麼的，一泡入澡盆，疲勞就排山倒海而來，洗完澡我常常就直接投入床鋪的懷抱，一覺熟睡到第二天早上，在鬧鐘的震撼下跳起來往公司衝。就這樣日復一日地生活。

漸漸的，家裡的節目錄音帶已經堆積如山，光是看到就覺得壓力很大，整個人煩躁起來。

「明天再開始，就沒問題了。」→看電視吧。

「累的時候唸書，也不會有什麼效果。」→睡吧。

「今天眞是忙翻了！」→先來喝一杯吧……

就這樣，自己不斷地給自己找藉口。說穿了，不過就是找一些「敵對行爲」，好讓自己可以逃避「目標行爲」。

最後，「持之以恆」的就只有每個月上書店買英語教材，買的時候，照舊豪氣萬千地暗自發誓：「這個月我要好好讀！」

但是呢……仍舊半途而廢。

就連「翻開教材聽廣播」這麼簡單的事，我都無法持續下去。徒然看著錄音帶和教材日積月累、堆積如山，然後整個人感到挫折不已。

我是眞心想要精進自己的英語能力。每次看到朋友用英語跟外國人交談，我就會欣羨不已，由衷地希望自己哪一天也能夠用英語跟人流利地交談。

事實上，在學生時代我參加過啦啦隊，受過學長們一番調教。我有自信自己的**專注力和耐性**不會輸給任何人。

……但即便如此，我做事還是常常半途而廢。

我所欠缺的，究竟是什麼？

「增加某些行爲」

「減少某些行爲」

沒錯，年少的我所欠缺的，就是「控制目標行爲」以及「控制敵對行爲」的念頭。如果可以用時光機回到過去，如果事情可以重來，我還眞想教過去的自己「絕對做得到的持續術」。

倘若當時我能持之以恆的用功學英文，之後應該就不會這麼辛苦了。

想要持續某件事的人，要先**檢視自己的「行爲」**。

藉由檢視、分析自身的行爲，就可以淸楚地了解到自己爲什麼會半途而廢，進一步訂定可以持續進行的具體方法，從而改變自己的行爲。

這就是堅持下去的捷徑。

從下一章開始，我將詳細介紹具體的方法。

第3章

檢視自己的行爲，就能夠持之以恆！

◎把條件整理清楚！

隨著目標不同，事情要持續下去有兩個基本條件：

①控制目標行爲的產生。

②控制阻礙目標行爲的敵對行爲之產生。

「絕對做得到的持續術」說穿了，就是以上述兩個條件爲主的技巧。

你可以根據上述兩個條件來改變做法，增加某種行爲的次數、頻率，或是減少某項行爲。

也就是說，當你想要「增加」某項行爲並且「持續下去」時，就要調整條件，讓「目標行爲」容易做到，並且抑制「敵對行爲」。

反之，倘若你想要「減少」某項行爲並且「持續下去」時，就要讓「目標行爲」不容易做到，並且讓「敵對行爲」容易產生。此外，還要採取「替代行爲」，讓它取代你想要戒除的行爲。

像前面所提的那樣「去操控行爲的條件」，這種做法在專業術語中稱爲「先行控制」。只要使用這種方式，不管是誰，都可以控制自己的行爲——包括讓自己做事能持之以恆。

◎條件若是改變，行爲就會跟著改變！

從行爲科學的角度來看，不管什麼行爲，都有其理由。

A＝很熱↓　B＝開冷氣↓　C＝房間變涼爽。

A＝沒有冷氣↓　B＝搧扇子↓　C＝能夠消暑。

A＝覺得冷↓　B＝穿毛衣↓　C＝身體變暖和。

A＝冷風吹入→　B＝關窗→　C＝房間變溫暖。

也就是說

A＝先行條件（行爲之前的條件）

↓

B＝行爲本身

↓

C＝結果條件（行爲之後的條件）

這樣分析下來，可以說：所有行爲都是由「先行條件」、「行爲本身」、「結果條件」這三個要素所組成的。我們可以藉這個架構了解行爲發生的因果關係。在專業領域，這稱爲「ABC模式」。

不管是什麼人，其所作所爲，都是爲了要得到某個結果，或者是避開某個結果。因此，整理「行爲之前」的條件、思考「行爲之

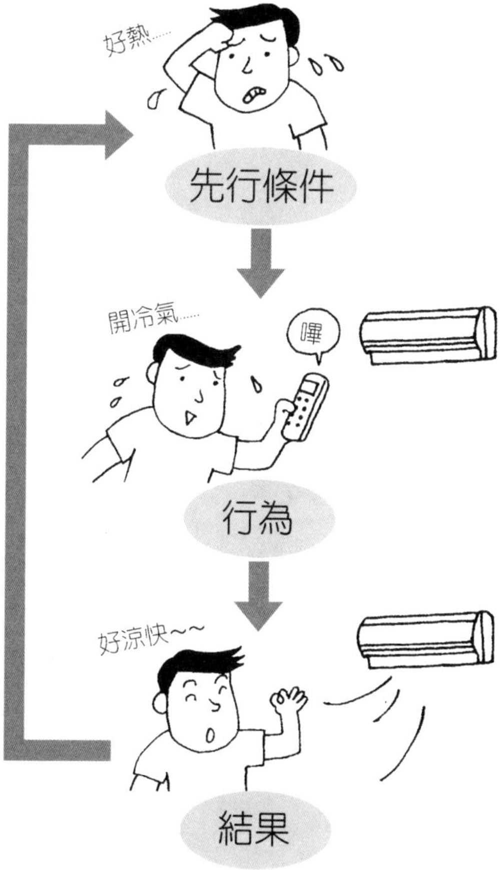

因爲有條件，才會產生行爲。

時」可以怎麼支援、判斷做了這個行爲會有什麼利弊得失，以及改變時間、行爲環境等等，都會大大地影響到我們的行爲。

所謂「先行控制」，係指基於目的而事先控制行爲的環境、條件等等。

職是之故，我們必須分析從事某項行爲之前、以及之後的條件，如此，才可以隨著各種環境改變，進行行爲控制。

◎分析你的行爲！

了解「行爲控制」的原理之後，接下來，我們就從「分析自身的目標行爲」著手吧。

首先，我們要個別分析「增加某項行爲」以及「減少某項行爲」

先行行爲檢查表

檢視「行爲前的環境」

目標行爲

- 目標行爲發生的頻率以及維持的時間，各是如何？
- 目標行爲容易在什麼時候產生？
- 目標行爲容易在什麼地方產生？
- 目標行爲容易在什麼人在場時產生？
- 目標行爲發生之前，你在進行什麼活動、或者做了什麼事？
- 目標行爲發生之前，你周遭的人是否說了什麼話、做了什麼事？
- 目標行爲發生之前，你自己又做了什麼其他的事？
- 在什麼樣的時間、地點，在什麼人在場的時候，進行什麼樣的活動與狀況時，不容易產生目標行爲？

敵對行爲

- 敵對行爲有哪些？
- 敵對行爲發生的頻率以及維持的時間，各是如何？
- 進行敵對行爲，需要花多少精神與心力？
- 進行敵對行爲的時候，對你總是有好處嗎？
- 敵對行爲容易在什麼時候產生？
- 敵對行爲容易在什麼地方產生？
- 敵對行爲容易在什麼人在場時產生？
- 敵對行爲發生之前，你在進行什麼活動、或者做了什麼事？
- 敵對行爲發生之前，你周遭的人是否說了什麼話、做了什麼事？
- 敵對行爲發生之前，你自己又做了什麼其他的事？
- 在什麼樣的時間、地點，在什麼人在場的時候，進行什麼樣的活動與狀況時，不容易產生敵對行爲？

的情形。

上一頁的檢查表叫做「**先行行爲檢查表**」，藉由回答所列的各個問題，你可以釐清進行「目標行爲」之前的環境條件。

「這項行爲容易在什麼時候產生？」

「該行爲容易在什麼地方產生？」

「這行爲是因誰而產生的？」

藉由回答這些問題，可以具體地整理出「增加目標行爲」的條件、以及「減少敵對行爲」的條件。

我們就以「戒菸」爲例吧。

我們一起來想想看：什麼時候，人會想要抽菸？

「看到有人在抽菸的時候。」

「在廣告上看到香菸盒的時候。」

「剛吃飽飯時。」

「喝酒的時候。」

如果上述這些條件都會令你想抽菸，那麼想戒菸的話，就得盡可能地避開、排除這些狀況。別小看這麼做的效果。光是排除抽菸的念頭，就可以輕易地減少抽菸的次數。

相反的，什麼時候你會想要戒菸呢？

「看到黑成一片的胸腔照片時。」

「爬樓梯喘不過氣的時候。」

「香菸售價提高時。」

「抽菸的時候，遭身旁的人嫌惡時。」

如果遇到上述這些狀況就會令你想要戒菸的話，那麼，想要戒菸的人就要盡可能地增加這些條件。

比方說，將深受菸癮毒害的胸腔照片貼在牆上，應該可以收到不錯的嚇阻效果，讓你少抽不少菸。

雖然香菸不會如我們所願地漲價，但是你可以自己設定一包香菸賣一百塊台幣（高於原本售價），每買一包香菸，就將差額給存下來，當做花掉了。

此外，你也可以試著盡可能地經常跟討厭菸味的人在一起，諸如此類。

◎你引發了什麼事？

接下來的檢查表，稱爲「**後續行爲檢查表**」。回答上頭所列的問題，可以幫助你了解「做某項行爲之後，環境條件是怎麼樣」。

做了該項行爲之後，我獲得了什麼？

做了該項行爲之後，有什麼改變？

做了該項行爲之後，周遭的人對我抱持什麼樣的態度？

後續行爲檢查表

檢視「行爲後的環境」

目標行爲

■ 目標行爲發生之後，發生了什麼情形？
■ 目標行爲發生的話，你打算怎麼處理？
■ 目標行爲發生的話，你周遭的人會怎麼處理？
■ 目標行爲發生之後，有什麼改變？
■ 目標行爲發生之後，你能夠獲得什麼？
■ 讓目標行爲發生的話，你能夠避開什麼事、或是不需要做什麼事？

敵對行爲

■ 敵對行爲發生之後，發生了什麼情形？
■ 敵對行爲發生的話，你打算怎麼處理？
■ 敵對行爲發生的話，你周遭的人會怎麼處理？
■ 敵對行爲發生之後，有什麼改變？
■ 敵對行爲發生之後，你能夠獲得什麼？
■ 讓敵對行爲發生的話，你能夠避開什麼事、或是不需要做什麼事？

在「後續行爲檢查表」的輔助下，你可以檢查做某項行爲後的狀況，從而找出取代「目標行爲」的做法——亦即：找出「替代行爲」。

藉由上一頁這個表格，你應該能找出什麼樣的環境條件會令你持之以恆。

抽了菸，你會獲得什麼樣的好處呢？

「整個人比較放鬆。」

「比較能夠靜下來。」

「香菸的味道跟香氣令我感到滿足。」

「不會覺得手上好像少了什麼。」

倘若抽菸有上述這些好處的話，我們可以想想看有哪些行爲也能得到這些好處。應該會找到以下這些方法：

「深呼吸。」

「吃糖果。」

「使用戒菸貼布。」

相反的，戒掉菸又會有什麼好處呢？

「變得比較健康。」

「心肺功能提高，運動變得比較輕鬆。」

「可以省下一筆花費。」

「不會惹人嫌。」

既然你想得出戒菸有上述好處，接著再想一想要怎麼樣增加這些好處，應該不會多困難吧。

◎「想要增加」目標行爲時

接下來，我們先來看看目標行爲是「想要持續下去的行爲」的狀況——也就是想要持續「不足的行爲」的狀況。

・對於想要持之以恆「慢跑」的人來說，就要把運動服維持在「要穿的時候馬上可以穿」的狀態。

・另外，衣櫃的前面，要隨時掛著運動服，以方便取用。若是做了上述兩項努力，回家之後要換上運動服就方便許多，從而提高了「跑步」的動力。如果是打算下班之後在公司附近慢跑的話，則可以準備一、兩套運動服放在公司的櫃子裡。此外還要注意：衣服髒兮兮的話，會令人打消跑步的念頭，所以一定要隨時保持乾淨。

・可以事先冰一些茶水、礦泉水，並且規定自己要跑步後才能喝。這麼一來，爲了喝冰水，你就比較會去運動了。

上面這些，都是最容易理解的「先行控制」。

也就是說，你要先有意地將環境條件規劃得能夠引起目標行爲，再藉由這些環境條件，來增加你的該項行爲。

◎增加目標行爲發生機會的三個要點

要增加目標行爲，要點有以下三個。

①營造「行爲的助力」
②營造條件以賦予動機
③降低行爲的難度

接下來，我們就依序說明各項要點。

①營造「行爲的助力」

所謂「行爲的助力」，前面我所提到的爲慢跑計畫「預先準備乾淨的運動服」，就是其代表。

比方說，該項的行爲是「學校課業」的話，那麼你可以試著：

「隨時將教材放在書包裡，想讀的時候就可以拿出來讀。」
「研讀功課的時候，找喜歡唸書的人一起上圖書館用功。」
「上課鈴聲響的時候，一定回到座位坐著。」

……諸如此類。藉由上述做法提高「目標行為」的發生率，給予支援性的刺激。這麼一來，這些「刺激」、「規則」都會成為「行為的助力」，讓你更具備動力去增加「不足的行為」。

我所說的「行為的助力」實際上有個專有名詞，叫做「激勵」(prompt)，而激勵正是「行為的助力」之要素。一個人想要慢跑卻遲遲沒有付諸實行，就是因為沒有助力。

想要增加「目標行為」的時候，藉由「營造條件以支援該項行為」，將可以讓成效大大不同。

②營造條件以賦予動機

所謂「賦予動機」，一言以蔽之便是：

「**想想看從事該項行為後會得到什麼好處**」

這在專業術語中稱為「確立操作」。一個人在做某件事的時候，如果沒有清楚地知道這件事可以帶來什麼好處，就難以產生動機採取行動。

請讀者們善加利用第七十七頁的「後續行為檢查表」，明確列出做了該行為之後的好處。

將該行動所能得到的益處釐清之後，再將完成目標行為後所能得到的好處，加在行為動機上。

比方說：為了減肥，你一口氣跳繩半個小時，之後你的妻子馬上笑臉盈盈地稱讚你：「老公，你眞是了不起！」諸如此類……當你了解到這就是行為後的好處時，就可以把它當做行為動機。

我再舉個不同的例子。你想要讓A某去開冷氣。這件事的情況大致可以分成以下幾種：

(A)這個時候，A如果跟你一樣覺得熱，他便會依你說的去開冷氣。因爲對他來說，室溫變涼是一項好處。

(B)相反的，如果A的感覺跟你不同、他不覺得熱，那麼他就不會想要開冷氣，因爲對他來說，這麼做並沒有什麼好處。

(C)而如果A的感覺跟你大相逕庭，他不但不覺得熱，反而覺得冷，那麼對他來說，開冷氣就只有壞處了。

「A啊，你能不能開個冷氣？這樣比較涼快。」在情況(C)的時候，你這麼說的話他會有什麼反應呢？

「開什麼玩笑！很冷欸，還開什麼冷氣！」他可能會直接反駁你，或者乾脆假裝沒聽到你說的話。

這時我們可以考慮調整環境條件——也就是「提高室溫」或是「讓A身體發熱」。這麼一來，不久後A就會覺得熱氣難忍，自動自發去開冷氣了。

再次強調：人如果覺得某事對自己沒有好處，是不會去做的。

「自我管理」的原理也是一樣，若是沒辦法讓自己體會到好處的話，就沒辦法做下去。

至於「給自己好處」，說白了就是提供「**獎勵**」。所以前面談到提高慢跑意願時，我建議：若你打算在慢跑後喝冷飲的話，就事先冰一些自己愛喝的飲料。可別小看這些小動作的效果。

如果你預先冰鎮的是自己不怎麼愛喝的普洱茶，雖然喝普洱茶有益身體健康，但是拿來當「慢跑後的獎勵」，誘因就稍嫌不足了。相反的，如果你預先冰的是自己最愛喝的紅茶，那麼，爲了享受到紅茶的滋味，你就會更積極地去慢跑。

除了給自己好處（也就是「獎勵」），還有一些條件能夠賦予動機、刺激人採取行動。

如果你在跑步前先用過餐，那麼身體就會想要休息，這麼一來，你就沒有辦法依照原定計畫去跑步。因此如果你有心從事慢跑，就必須將用餐時間延後，或者是早點用餐，總之要將吃飯和慢跑的時間錯開。

像這樣，好好釐清哪些條件會賦予你動機做某項行爲，讓自己更容易進行目標行爲——這便是持之以恆的祕訣。

③降低行爲難度

所謂「降低行爲難度」，是指「讓你的目標行爲容易做到」。天氣冷颼颼的還出門慢跑，常常跑著跑著自己就開始覺得沒勁兒、越跑越覺得辛苦。像這種時候，可以試著先在室內做做暖身運動，讓身體暖和起來，再出門慢跑。這個步驟很重要。

再舉大家常見的「提升英語會話能力」爲例。

假設進修英語的時候，你常會受外在事物誘惑而半途打住。如果你把漫畫和教材放在一起，搞不好時間到了是拿漫畫來看吧。倘若你的情況是這樣，那麼就必須把教材和漫畫分開放，設法讓自己不受漫畫誘惑。

想要提高工作效率的人，可以試著在工作期間關掉手機，以全心全意地處理公務。想要學好英語的人，可以隨身攜帶英文字典。若是想要讓孩子養成按時讀書的習慣，就不要將電視放在他們的房間裡。上述這些做法，都是「降低目標行爲難度」的要點。

◎「想要減少」目標行爲時

那麼，相反的，如果你想要減少目標行爲的話，要怎麼做呢？那就要除去會讓做你該項行爲的條件。

舉戒菸一事爲例，你可以做以下這些事：

「把香菸丟掉。」

「丟掉打火機、菸灰缸。」

「吃飯只吃八分飽。」

「只要喝酒就會想抽菸，那就少喝點酒吧。」

「應酬的時候，和討厭抽菸的上司一塊兒去。」

簡單的說就是：檢視自己在什麼狀態下會想抽菸，設法去除那些狀態。

如果想要減肥、想少吃點甜食，則可以這麼做：

「把冰箱裡的甜食統統丟掉。」

「不要去咖啡店、甜品店。」

「跟蛋糕店保持距離。」

「跟愛吃甜食的朋友說明狀況，並且減少聚餐次數。」

也就是說：檢視自己在什麼狀態下會想吃甜食，設法去除那些狀態。

前面所舉的戒菸、戒甜食兩個例子，原理在於：極力地減少一個人把香菸、甜食往嘴裡送的念頭（條件），從而減少目標行爲的「產生機會」，藉此進一步地降低「行爲」的產生。

◎減少目標行爲發生機會的三個要點

接下來，我們來思考減少目標行爲要掌握哪些要領。

想要減少目標行爲的時候，同樣有三個要點，如下：

①去除「行爲的助力」

②去除提供動機的條件

③提高行爲的難度

接著，我們同樣一項一項來分析。

①去除「行爲的助力」

決定戒菸的時候，「壯士斷腕」地把香菸和菸灰缸給丟掉，「去除行爲的助力」講的就是這類事情。一旦這麼做，支持一個人抽菸的條件就會喪失，從而使戒菸這件事變得較爲容易。

如果是在學校讀書，則可以試著「離愛講話的學生遠一點」、「不要拿玩具來玩」、「避開閱報區所在樓層」、「找個比較安靜、不受打擾的角落」，盡量創造出可以集中精神唸書的環境。

②去除提供動機的條件

「想要增加某項行爲」的時候，賦予行爲動機條件就是給予好處，也就是提供「獎勵」。不過想要減少目標行爲時，只要單純考量「好處」即可；只要「去除該行爲的好處」，做該項行爲的欲望自然會大減。

想要戒菸的人，可以試著根據「後續行爲檢查表」，想想看能夠用什麼方法讓「好處」消失。

想要實際消除「好處」是不可能的，因此我們只能以能得到相同好處的行爲來替代。戒菸糖、戒菸口香糖、戒菸濾嘴、戒菸貼布等，各位可以找找看還有哪些「替代行爲」能取代香菸。

然而，賦予人做某事動機的條件，不光是「好處」而已。

出門慢跑的時候，可以試著避開想看的電視節目的播放時段；若是不行，則可以用錄影機預先設好時間將節目給錄下來。上述做法，也是想辦法去除自己「不運動」的動機。

③提高行爲的難度

就像小標所寫的一樣，想要戒菸的時候，把抽菸這事的難度提高，便可以達到不錯的效果。比方說：

將抽菸用具交給身邊的人保管。

把抽菸用具放進箱子裡好好封存，收在壁櫥的最裡邊。
死心斷念地把抽菸用具全部扔掉。
身上不要帶零錢。
通勤的時候，避開設置香菸自動販賣機的路。
方法不外乎上述這幾種。另外，你還可以規定：如果自己能一整天都忍耐不抽菸的話，就可以在睡前抽一根：這個戒菸方法也很有效哩。

一般人聽到「難度」二字，大多會聯想到努力阻礙行爲產生。事實上，未必全然是這麼回事。
我就舉個容易了解的例子吧。
你肚子餓了，很想要吃一碗拉麵。但是附近沒有好吃的拉麵店。想要去好吃的拉麵店，至少要開車一個鐘頭才到得了。
在上面這個例子當中，「專程前往好吃的拉麵店」就算是「高難度」的行爲，而在附近隨便找一家餐飲店、甚至上便利商店買個便當打發一餐，則是「低難度」的行爲。

「行爲的難度」所指的是，要做到某件行爲所耗費的心力與時間。換句話說，我們可以把它當做指標，據以判斷某項行爲是否容易實行。

一般而言，「看電視」是屬於低難度行爲，而「改變環境」則是屬於高難度行爲。

請各位在腦海中想像在圖書館唸書的情況。在圖書館唸書的時候，就算你想要看電視，周遭也沒有電視機可看。非得要看的話，就必須克服「回家」這個高難度行爲才行。

總結本章重點，我們可以得出以下三個祕訣：

①決定「行爲的助力」

②彙整提供行爲動機的條件（確立操作）

③調整行爲難度

想要增加某項行爲的時候，必須賦予「目標行爲」助力，找出做該行爲的動機，降低目標行爲的難度。同時，要減少「敵對行爲」的助力，讓敵對行爲的動機條件消失，增加敵對行爲的難度。

而想要減少某項行爲的時候，做法則反過來。必須去除該項行爲的助力，消除做該行爲的動機，提高其難度。這麼一來，做該行爲的頻率一定會減少。

◎秉持兩項原則，便能持之以恆

前面解釋了這麼多，看起來似乎很繁雜，但是要讓某項行爲持續下去，說穿了只有兩項原則，亦即：

(1)控制目標行爲。

(2)控制敵對行爲。

「但是我這個人意志很薄弱……」

「可是我每天都很忙……」

「每天回到家都累翻了……」

做事半途而廢的時候，很多人常常會這麼說。但是再次強調：本書所介紹的方法，和這些理由完全沒有關係。

這是爲什麼呢？因爲本書所提的「絕對做得到的持續術」，講的是「如何讓行動對準焦點」。所以之前所講的藉口，都不成理由。

不管是誰、無論是什麼樣的行爲，都可以百分之百地持續下去。持之以恆不需要精神特別堅忍，再怎麼忙碌也不是問題。只要「著眼於人類的行爲」，如此而已。

想要增加行為時

	目標行為	敵對行為
協助	賦予	消除
動機	賦予	消除
難度	降低	提高

想要減少行為時

	目標行為	敵對行為
協助	消除	賦予
動機	消除	賦予
難度	提高	降低

第4章「持之以恆技術」Step by Step！

在第三章，我們所提到的是從人類的行為來看「絕對做得到的持續術」的要點——「行爲控制」。

從這一章開始，我們將要實際來看看：當你要進行某項行爲的時候，「進展方式」是如何。

請各位讀者以「行爲控制」爲前提，逐步依循以下所提的各個步驟，來實踐你的夢想吧。

步驟
1

決定要不要繼續進行

先想想，眼前有什麼事情是你想要持續做下去的。

把你所想要持續做下去的事設定為「目標行為」，確認一下這件事是屬於「不足的行為」還是「過度的行為」。

藉由第七十三頁的「先行行為檢查表」，你應該已經分析出引發該行為的各項條件了。

接下來，請各位務必確實跟著本篇的各個步驟，一步一步地進行。如此，才能確保你能持之以恆地完成一件事。

請各位讀者們先捫心自問：「我是不是**打從心底想要持之以恆地**進行該目標行為？」

大家不要覺得這個步驟很多餘。事實上，若想持續進行一件事，「釐清自己真正的心意」是最重要的第一步。

「這還用說嗎？我當然想繼續下去啊！」

的確如此，要不你也不會拿起這本書翻閱甚至詳讀。你會想要拿這本書來讀，顯示你確實有意揮別虎頭蛇尾的習慣。

只不過，你是眞的想要持續「這件事」嗎？

我會這麼問，便是要各位釐淸自己的「目的是否明確」。

你之所以無法持之以恆，搞不好問題就是出在這裡。仔細想想：你之所以做不下去，會不會是因爲你想要堅持下去的目標其實並不明確？

——其實平常沒什麼機會使用英文，只不過是想要拿到多益測驗、全民英檢的認證，才去進修的。

——老闆要求我取得英檢資格，所以才心不甘情不願地去學。

——因爲在家人面前說大話，因此沒有退路了。

比方說，你進修英文的動機是上述這些，那麼，其實沒有必要勉強自己繼續努力下去了。

把這個步驟用於實踐其他機會，這次你就看書學經驗就好了。只要知道了持之以恆的方法，將來做任何事情的時候，你就可以比其他人早一步進入狀況，這也算是一大成長。

「不，我是眞的想要繼續進行。」如果你可以這麼斷言，那麼，就照著以下的步驟做下去吧。這麼做，絕對可以幫助你繼續走下去。

步驟
2

想將什麼行爲作爲目標？

確認自己「想要持續進行的事，是打從心底想要持之以恆」之後，接下來，就要決定你的「目標行爲」了。

你想要持續下去的目標行爲，屬於下列哪一種？

想要增加的行爲（亦即「不足的行爲」）？

還是，想要減少的行爲（亦即「過度的行爲」）？

不論是要增加某項行爲也好，或是要減少某項行爲也罷，都要先釐清它屬於何種類別，這點非常重要。

如果不在這個階段將「想要進行何種行爲、以及想要怎麼進行」給具體訂下來的話，就沒有辦法進行後頭的步驟四——「測量」。

除此之外，這個時候當然還必須再次確認：自己是否確實了解「目標行爲」的「做法」。

如果你的目標行爲是減重，那麼達成該目標的做法就是「正確的運動方式」。如果你的目標行爲是學習，達成目標的做法可能是「正確地使用問題集」。

就算你將這本書讀得滾瓜爛熟，知道「持之以恆的方法」，但倘若你不知道該怎麼正確地朝目標前進，終究會因爲成效不彰而半途作罷。

另外，你還要確認自己要繼續做下去的行爲是「想要增加的行爲」、還是「想要減少的行爲」，如果連目標行爲的類型都無法確定，當然也就無法決定要怎麼持續下去了。

在第三章我們曾經提到，增加行爲的做法與減少行爲的做法是迥然不同的，若沒有在一開始時釐清，只會走上錯誤的方向。因此請各位讀者活用「行爲檢查表」，找出你的目標行爲的屬性。

步驟3

設定目標，並且公告周知

你爲什麼想要持之以恆地做一件事呢？

仔細追究的話，應該是想要追求「自我的實現與成長」吧。

當然，自我成長的具體目的、目標每個人都不一樣。提升技術、升官加薪、轉換工作、美容、健康……等等，這些期望都算是自我成長。我們也可以說，是爲了實現自己的期許而努力。

想要讓一項行爲持續下去，就要有這些明確的目的、目標，作爲你努力下去的原動力。

一個人若是有明確的目的、目標，每天都能夠確實地努力下去；相反地，沒有明確目標的人就很容易渾渾噩噩、遭受挫折。

在我看來，「持之以恆」與「半途而廢」兩者之間的差異，不過在於一個人「能否將自我的成長給量化」，如此而已。

一旦你明確地將目的、目標給量化，之後，你就可以藉由測量確認自己距離目標還有多遠。此外，這麼做也能讓你更具體感受到自己是否有在進步，從而使你對自己的進步感到滿意，促使你更努力地做下去。

「確認自己有所成長」能夠讓一個人感到喜悅、生出自信，從而刺激他繼續努力。

這對持續做任何事來說，都是最理想的模式。就行爲科學來說，這也是相當符合理論的做法。

這本書裡頭所介紹的所有技巧，有很多部分和這些模式是相通的。可以說，本章的步驟一到步驟五，都是經過科學實證所建構起來的，相當符合人性，做起來沒什麼勉強之處。

請各位讀者先設定目的、目標，並且將它們予以量化。接下來便是朝著目標確實地前進，偶爾確認一下自己現在所處的位置。光是這麼做，就可以讓你的行爲持續下去了。

「爲了什麼而做？」

「目標在哪裡？」

想讓行爲持續下去，就必須明訂出自己的目的、目標才行。

◆設定「最終目標」

更爲具體的目標，我們稱之爲「最終目標」。

以進修英語爲例子的話，那麼「經過三年，可以在海外生活無礙」，可以算是「最終目標」。

「夏天來臨之前，我要減掉十公斤！」

「這次資格考一定要合格。」

「這一年我要增加年收入三成。」

像這樣，在你設定「最終目標」的時候，別忘了一併「設定達成期限」。這樣做的道理很簡單——同樣是減肥十公斤，在半年內減下來或是在一年內減下來，步調可是大大不同哩。

這麼做還有另一個作用。一旦你決定了達成目標的期限，你的完成意願就會跟著提高，這麼做也能有效地避免被挫折打倒。

如果你的目標只是「資格考合格」的話，心裡並不會覺得有多麼緊張。

若是想要讓自己更感到緊張、盯自己積極準備，就要明確設定期限，像是「某月某日考試合格、取得認證」。

另外，朝「最終目標」前進的時候，同樣要將目標給「量化」。

「夏天來臨之前要變瘦」這種目標太模糊了，很難訂立什麼具體的計畫要求自己做到什麼程度。若是訂立這樣的目標，每天的運動量與熱量限制往往會變得很寬鬆，實行下來通常不會有很大的成效——「是在夏天之前變瘦了啦，不過只減下半公斤。」結果會這樣不難理解。

一旦明確訂出「期限」和「數值」，那麼一個人有沒有達成預計目標，很輕易可以看出來。行爲科學的一大特徵，就是「第三人可以幫你進行確認」。

因此，各位讀者務必要把「期限」和相關「數值」加入所訂的計畫中。

資格考雖然僅有合格與否之別、沒辦法訂定數值，但是不管什麼人都可以確認你是否通過了考試。如果第三人可以一眼判斷結果，就毋需設定數值。

◆設定中程目標

設定了「最終目標」後，接下來就要設定一個個的「小目標」了。這些小目標，就是所謂的「中程目標」。

你可以訂定好幾個小目標，事實上，訂定多個小目標，更能夠達到激勵的效果。在朝著大目標邁進的途中多安排一些小目標，這麼一來，每當你跨越一個小目標，就能獲得一股成就感，刺激你朝下一個小目標邁進。

要注意的是：設定小目標的訣竅，在於不要將目標訂得太高難度，要設定能夠達到的簡單目標，只要稍微努力就可以確實達到。這樣，才不會讓人因心生挫折而中途作罷。

以減肥這件事爲例，如果你將「減下十公斤」設爲最終目標的話，小目標就可以訂爲「減下一公斤」。

當然，你也可以設定其他的小目標，比方說「每隔兩天就運動一次，每次持續一個小時以上」。

訂定小目標要把握一個要點，就是：不要讓自己做得太辛苦。每當你減下一公斤，或是做到「每兩天運動一次、每次持續一個小時以上」時，所得到的成就感將可以大大幫助你持續朝目標邁進。

更重要的收穫是：你會產生「自信」，讓自己更容易做下去。

再以戒菸爲例。想要戒菸的人可以將「限制一天的抽菸量」設爲小目標。比方說，如果一天的抽菸量減少到十根以下，就算達到目標了。如果想從「減少抽菸量」進步到「徹底戒菸」，可以每隔二十四小時就設定一個小目標。

由於「最終目標」總是要花上一段時間才能夠達成，有些人難免會在努力的過程中漸漸懶散下來，「設定小目標」正可以減少這種情形，它對於防止中途怠惰下來相當有用。

設定「最終目標」與「中程目標」之後，要將它們昭告天下，讓家人、周遭的朋友都知道你的現狀與預計目標。這麼做，將更能夠敦促自己不要半途而廢。你就把它當成是自己的「挑戰宣言」，或將這事當作「報告努力過程」。

將目標昭告天下要把握一個要點，即：**公開在其他人看得到的地方**。

這是什麼意思呢？比方說：製作圖表放在自己的辦公桌上，讓其他同事知道你在努力什麼。這麼做可以維持你的動機，因爲大家都在盯著你，所以你很難拉下臉半途而廢。

比方說，我的一位朋友就是每天在部落格上發表自己的減肥經過與成果。對於他本人來說，這麼做有正面的意義，也能變成一種敦促，因此他能夠樂在其中地繼續其減肥計畫。

同樣的，如果是在家裡，則可以把表格放在全家人都看得到的地方。比方說，公布在客廳的牆壁上、或是用磁鐵貼在冰箱門上。這麼一來，就算其他家人再怎麼不經意，還是會看到。

減肥的人可以將體重的變化畫成折線圖。進修英語的人，可以每讀完一頁講義就劃掉方格圖上的一個小方格。

戒菸的人則可以用帶狀圖來表示自己持續戒菸幾天了。

總之要像前面建議的那樣，將自己的預計目標與進行現狀給公開。大多數的人都會在意別人的看法，因此這麼做的話，你中途放棄的可能性就會大大地降低。

步驟
4

測量

所謂「測量」，是指「計算、測定」。

在進行某項行爲的期間，必須好好地檢測哪些行爲應該增加、哪些行爲又應該減少，把行爲化成可以目測判斷的形式。要讓自己可以檢證所採行的方法是否正確。

前述的步驟三，也可以用來測量行爲的成效。將每天的結果以表格表示，測量「目標行爲」的增減程度。

一般來說，這需要旁人協助觀察與記錄。如果可以的話，最好請家人或者朋友幫忙，不過由自己來記錄也無妨。

行爲科學這個領域，非常重視「測量」這個步驟。

想要確實了解自己有沒有達成預計目標，就必須排除主觀（的認知），用客觀的測量方式來檢測。

「跟過去比起來，好像好一點了。」

前面這種含糊不清的評價缺乏客觀性，判斷的人不同，得出的評斷通常就有所差異。進行檢測的時候，必須根據正確的測量將結果給量化，讓每個人都能夠做出相同的評量。

我要各位「將目標予以量化」，也是這個道理。將目標與結果量化之後，不管是誰，都可以一眼確認是否達成目標。

再者，進行測量的時候，必須訂出測量的期間。

比方說以三個月或半年為一個段落，測量一下需要增加行為或是減少行為。

「訂出期間」，指的就是訂出時間性的目標，沒有終點容易令人覺得事情沒完沒了，因而感到挫折。

還是學生的時候，你有過不愉快的打工經驗嗎？我不是指工作內容令人不愉快，而是指職場氣氛不佳、令人不愉快。

「還好這是短期打工，我還撐得下去。如果要我當正式員工做到退休，我鐵定忍不下去。」那個時候你是否這麼想過？

「訂出期間」就是著眼於上述心理。一件事只要有終點，就算有點痛苦，一般人大多還能夠忍受。

另外，「訂出期間」還可以在接近終點的時候，提高你達成目標的欲望。「還有兩個月」、「還有一個月」……，人們會在期限迫近的時候特別把握僅剩的時間，努力將之前的成果給表現出來。

雖然最後你必須讓自己即便沒有期限也要努力持續下去，但是要記得：在一開始的時候，一定要用這個方法。

明確訂出「從什麼時候開始到什麼時候，要做到……」，這將可以提高你達成目標的欲望。

記錄表（頻率）

名　字 ____________

記錄者 ____________

目標行爲 ______________________________

____

敵對行爲 ______________________________

日期	頻率 1	2	3	4	5	6	7	8	9	10	11	12	合計
例 10／3	🚭	🚭	🚭	🚭	🚭	🚭	🚭	🚭					9
／													
／													
／													
／													
／													
／													

戒菸時期的測量表實例

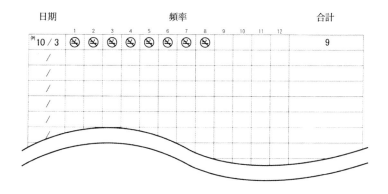

步驟
5

確認

最後一個步驟，就是「確認」你的行爲需要增加還是減少。和步驟四「測量」所不同的是，這個步驟並不是嚴格地根據數值來看，而是檢查前述各步驟的結果。也就是說，你只要確認自己該項行爲是增加還是減少，就可以了。

「確認」這個步驟,用意是爲了增加或者減少「目標行爲」。如果到後來你沒有達成自己所想要的結果，原因有可能是選錯了「目標行爲」。如果眞的是這樣,這個時候就要從步驟一開始重新規劃。

同樣的,你也要確認該行爲的「敵對行爲」是增加還是減少。前面我提過,「目標行爲」和「敵對行爲」是互爲表裡、彼此相關的。因此,同時確認「目標行爲」和「敵對行爲」是減少還是增加，將可更精確地確認成果，確保自己進行的方向不會偏離目標。

要確認自己所採取的做法有沒有錯時，這個步驟相當重要。

請各位讀者務必要將前述的五個步驟作為努力的指標。這麼一來，相信你絕對可以「持續」得很快樂。

第5章

持之以恆有哪些小訣竅？

訣竅
1

做一份「行爲契約書」

在前一章，我介紹了做事持之以恆要有哪五個步驟。爲了讓各位讀者的「持續」更有效果，本章接著介紹幾個小訣竅。

一個人若是想要「培養新的習慣」，可以說除了「改變自己的行爲」之外，別無他法。

爲了改變自己的行爲並且防範挫折，建議你最好將日後打算要做的事告訴身邊的某個人。

這是因爲：即便是一個人所做不到的事，只要有某個「對象」存在，付諸行動的機率便會提高。

那麼，要用什麼方法比較好呢？

在我看來，藉由「寫契約書」宣示自己的意向，是最好的。

「寫契約書」感覺很誇張，但是根據行爲科學的各種研究與實驗結果，我們得知這種方法非常有效。

「契約書」乍聽好像太煞有介事了，但是我們會採用這麼一板一眼的方式，不是沒有道理的。

首先，爲什麼要訴諸書面文字？

答案很簡單。因爲「口說無憑，眼見爲實」。

就算你對其他人公開自己的計畫、表明「日後我要持之以恆地從事〇〇」，往往只會變成一般的對話——「我打算要好好的減肥。」「不賴嘛，加油喔！」實際上減肥行動卻沒有辦法持續下去。再過一陣子，提到這件事的時候你大概就含糊其詞地帶過，一笑置之。

將自己的預定計畫寫成契約書，用意就在於「把自己的決心化做具體可見的證據，保留下來」。這麼一來，在對方面前你就不能輕輕鬆鬆地矇混過關了，自然會敦促自己持續做下去。

這是因爲：你將目標寫成契約書的話，對方就可以直接監視你。因此倘若你沒有繼續做，對方就可以「立刻且確實」地知道。這個原理，將可以大大地支持你繼續做下去。

當你覺得很難繼續做一件事的時候，就在契約書上寫下更詳細的內容。

契約書的內容可以如左頁所示。

首先，要決定「目標行爲」要從什麼時候開始。早上？晚上？還是午休？從幾點到幾點？要每天進行？還是一週三次？淸楚地訂下來，可以讓自己的行爲漸漸變成一種習慣。

「十點了，該去慢跑了。」

「再遊蕩下去讀書的時間會變少。我看早點回家吧。」

訂定了明確的規則之後，就會像這樣敦促自己，遵守自己的規定，從而慢慢地養成某種習慣。

相反的，如果沒有淸楚地訂出規矩，人就會找藉口讓自己休息。

行爲契約書

契約期間自○○年○○月○○日起至○○年○○月○○日止
我○○○同意（每天、每週）進行下列「目標行爲」。

※進行目標行爲之具體時間、次數、方式載明如下：
・目標行爲 1 ______________________________
・目標行爲 2 ______________________________
經支持者檢視後，同意以下情形：
若是完成目標行爲，可以 ______________________
若是違反目標行爲，只能 ______________________

……………………………………………………

支持者同意（每天、每週）進行以下行爲：
1.我們不指示行爲者○○○進行目標行爲 1、目標行爲 2。
2.我們不要求行爲者○○○讓我們檢視。

我（目標行爲者）○○○同意將以下事物作爲檢證。若我未完成上述指示與要求，將會 ____________________。

本契約書所記載之所有目標行爲發生之時，皆由目標行爲者○○○與支持者○○○記載於紙上，以茲證明。

署名　目標行爲者○○○印
支持者○○○印○○○○印○○○○印

※關於「支持者」，詳見第 135 頁。

本來嘛！找藉口好讓自己落得輕鬆，這是人之常情。

「今天加班加得太晚了，我看慢跑就中斷一次吧。」

「不過就偷懶一次，應該沒什麼關係。」

「又沒有特別規定何時慢跑，什麼時候開始都可以。」

一旦像這樣開始打斷「持續」的習慣，這個人接下來大概也沒辦法持之以恆了。如果會給自己找藉口偷懶，計畫作廢是遲早的事。

想要持之以恆地進行一件事，就要盡可能地別給自己任何退路。祕訣之一，便是營造一個自己沒辦法找藉口的環境。

此外，契約書上可以寫下「獎勵」與「懲罰」條款。表現得好時，不忘給自己「甜頭」吃，表現不如預期時，則要藉處罰「鞭策」自己。

◆科學也認同「獎勵」的效果！

「能持續慢跑一個禮拜，就去租片子犒賞自己。」

「有讀英文的話，就可以小酌一杯。」

「若是減下一公斤，就可以去專櫃買化妝品。」

以上這些，都是獎勵。

決定給好表現什麼樣的「獎勵」之後，一般人就會把這些獎勵當成目標，自動自發地努力。

在行爲科學的領域，提供獎勵稱爲「強化」。某項行爲一旦有了獎勵「加持」，其次數、頻率一定會增加，也就是會「持續」下去。

並不是所有獎勵都得「破費」，不花錢的獎勵其實也有效果。

一般常見的方式是集點卡。百貨公司、便利商店、園遊會、創意市集等等，經常舉辦「集滿×點，可以兌換○○」的促銷活動。「不花錢的獎勵」就和這種促銷活動一樣。

拿一張有格子的紙當作你的「持之以恆集點卡」，每做到目標行爲一次，就在上面蓋個章；當然，也可以貼貼紙取代；如果覺得麻煩，直接把格子塗黑也行。要怎麼做隨個人高興，只要有做到，就填滿一個格子。

「這是騙小孩的把戲欸！怎麼可能因此就持之以恆！」

「我都是大人了，還做這種傻事！」

也許你會認為「集點卡」不僅連具體誘因都沒有，而且顯得很幼稚，應該不會有什麼鼓勵的效果。這你就錯了。

我是後來才去學行為科學的方法的，但是在那之前，我曾經興之所至地嘗試過「集點卡」這個方法。

老實說，剛開始的時候，我自己都懷疑這麼做是否眞的能有什麼效果。

沒想到，我在公司實施之後，卻意外地獲得很好的評價。

其實，我原本是將它拿來用在自己經營的補習班裡的孩子身上（也就是說，這個企畫為孩子量身打造的）。

「元氣十足地打招呼就給一分。」

「確實做完功課就給一分。」

像這樣確切訂出規則，再由班導師負責蓋章、給分。這麼一來，就會在孩子們的衝勁上火上加油，使得他們開始爭相收集點數。

我覺得這麼做的效果相當成功，於是便將腦筋動到公司職員身上，試著做集點卡給職員使用。

對於職員，我規定「只要做到要求，就可以去上司那裡蓋個章」。這個制度一頒佈實施，公司內的氣氛便全然一新，變得生氣勃勃。大夥兒都想要蓋章，因此會努力做到上級的要求。

後來我去學行爲科學，看到書中建議這種方式時大吃一驚。原來，就科學的角度來看，集點制度確實可以有效地鼓勵個人「維持」某項行爲。

用專業術語來說的話，就是「增加強化後的行爲」。已經有不少的實驗證實這個論點是有效的。

爲了增加趣味與變化，收集到一定的點數後，不妨考慮自己給自己獎勵。

「集滿五十點，就去看一場電影。」

「集滿一百點，就去買一件衣服。」

找一些讓自己期待的事作爲獎品，就可以鼓勵自己持之以恆。這個方法，請各位讀者務必從今天就開始試試。

◆故意讓自己「花錢花得心疼」，作爲懲罰

談完了「甜頭」，緊接著我們就來探討「苦頭」。在撐不下去、想要中途放棄的時候，要採用和獎勵相反的「懲罰制度」。

「休息一天，就要給老婆一千元。」

「如果偷懶，就不准自己喝酒。」

像前面這樣，強迫自己做不想做的事情，或者是禁止自己做喜歡做的事，這就是「懲罰」。

不過要特別留意一點：在這個時候，不能以慈善之舉代替，或者是做會令人高興的「好事」。

「如果偷懶，就捐一千元給中途之家。」

捐錢給慈善單位是很了不起，但卻不能當作懲罰。這是因為：捐款、做善事可以讓你獲得某種程度的滿足，認為自己「幫助了某些人」。這會把自己的懲罰給正當化。

因此如果要用「花錢」作為懲罰，就不能從事慈善行為，而是要想辦法讓自己「花錢花得心疼」，比方說：

「去買敵對公司的產品。」

「特地去昂貴的商店買東西。」

「明明有悠遊卡，仍然另外買車票。」

前述這些事情一般人都不願意做，把這類不想做的事當作懲罰，為了避免這些事情發生，人就會敦促自己持之以恆。

訣竅 2

回饋

前一章的步驟四，我曾經提到「測量」。努力的結果不是測量過就算了，還要「讓自己經常看見」，才能夠發揮更大的效果。

上述做法，我們稱之為「回饋」。

我舉個比較容易理解的例子：你可以在一大張紙上貼上圖表，將你測量所得的結果畫成圖表，一看就明瞭。

有了圖表的話，一眼就可以看出自己現階段到達什麼程度，並且清楚地知道接下來還要做多少才能夠達到目標。這個方式相當能幫助人維持持之以恆的動機，為什麼呢？

因為這麼做可以讓一個人「真實地感受到自己的現況」。

「比起一個禮拜前，自己進步了多少？」

「自己目前處於哪個階段？」

一旦能夠一目了然、掌握現狀，繼續做下去時心裡會覺得比較篤定、有目標。

拿運動來做比喻的話，應該就很容易理解。時下的保齡球館大多設有電子計分板，原因很容易想見。如果到比賽結束的時候還看不到自己得到多少分數，會怎麼樣呢？

我看參賽的人肯定打得興趣缺缺、不會有什麼鬥志。

「我現在到底還落後對方幾分啊？」

「我還要打倒幾瓶才可以獲勝？」

就是因爲電子計分板看得到上述疑問的解答，參賽者才會愼重其事地出手。

選手進行一百公尺短跑練習的時候，情況也是一樣。如果一整天練習下來，都不知道自己的成績是進步還是退步，那麼該選手還會每次都盡全力地跑嗎？答案顯而易見。

「清楚知道自己的成績」就是一種「回饋」。把某行爲的結果開誠布公地告訴行爲人，將可以提高這個人的動機。

很多公司的營業部會把職員的業績畫成圖表，以刺激他們互相競爭，從而提高公司的整體業績，便是基於這個道理。

◆注重的是行爲，而不只是結果

但是，行爲科學領域所說的「回饋」，有一個很大的特徵，那就是：不只注重結果，也注重過程。

一般來說，運動或者工作所注意到的「回饋」，都只限於「成果」。以剛剛的「公司營業部」爲例，就是：

「談成了一百萬元的案子。」

「獲得一紙新合約。」

「達到銷售目標的一〇五％。」

像這樣將這類事情做出大家都不會有意見的評語，將結果做成圖表「回饋」給營業部的所有人看。

這或許的確是鼓舞士氣的好方法，然而那些最終成績沒有提升的人，往往會成爲爲人所忽視的一群。

但是行爲科學不只注重「結果」，同時也注重「過程」。一言以蔽之就是：「只要有行爲，就一定進行評量」。亦即：不管最終成果有沒有提升，都會對行爲本身進行評量。

如果以前述的營業部爲例的話，可能就會連同和數字無直接關聯的事項一併記錄下來，比方說：

「今天總共親自拜訪了×位客人。」

「一整天下來總共去電跟×位潛在客戶交談。」

「恭喜你減下五公斤！接下來，就挑戰下一個五公斤吧。」像這樣的話，只對達到成果的人才說得出口。

有時候，就算每天運動並且節制飲食，體重還是減不下來。如果這個時候不做任何評量，大部分的人都很容易心灰意冷、深感挫折，而中途放棄。

懂得「絕對做得到的持續術」的，就會這麼鼓舞當事人：

「今天你也去慢跑了，對吧？你已經連續跑了×天了呢。」

——也就是評量行爲本身（進行的過程）。這麼一來，就算一個人沒有展現成果，仍然可以對他進行評量。獲得具體的評價之後，當事人接下來通常也會想要繼續做下去。

「自己對自己進行評量」，便是本書所說的「回饋」。

同樣地，你不只可以對「目標行爲」做出「回饋」，最好也對「敵對行爲」做出「回饋」。

目標行爲是否增加／減少？

敵對行爲是否減少／增加？

要比較自己過去的狀況和現在有什麼差異，最好使用圖表。在確認整個行爲的過程中，要同時持續進行該項行爲。

訣竅 3

支持者的協助

要開始做一件新的事情時，找個人來助自己一臂之力，通常會比較有效。

所謂幫助，倒未必是什麼具體的支援。事實上，光是「我做了某事之後，對方稱讚我一下」，也算是幫忙。

某日有按照計畫跳繩的話，請太太稱讚自己一下。

拒吃甜食的那一天，請老公稱讚、稱讚自己。

好聽的話任誰都愛，不管是誰都喜歡被人稱讚、慰勞。就算短短一句稱讚，都會令人產生幹勁，決定一股作氣地努力下去。

將自己的計畫說明給身邊的人聽、請他們協助你，每當你做完預定計畫後，請他們都鼓勵你一下。這些身旁的啦啦隊，我們稱之爲「支持者」。

事實上「支持者」未必都是你「身邊」的人。透過部落格或是網誌公開努力過程，其實也有相同的效果。

這是因爲你將不特定的多數讀者當作支持者，因而有動力繼續努力下去。

不過寫部落格有個問題，就是可能會有一些人留言中傷、批評。若是不想要面臨這類困擾，可以取消部落格的留言功能。因爲就算沒有讀者留言鼓勵，持續增加的文章篇數也會對自己有鼓舞作用。

若將網誌設定爲「非公開」的話，那麼就只有你信得過的人才能進入觀看，還滿安全的。就算是一般的ＨＴＭＬ，也可以設爲隱藏，需要密碼才可以進入，經過你同意的友人才可以進去閱讀。

支持者所擔任的角色，不是只有「獎勵」而已。爲了讓當事人的行爲可以持續下去，還需要提供他各種「協助」。

丈夫開始戒菸後，就幫他把菸灰缸給扔了。

妻子開始減肥後，就別再買甜食回家，免得她心意動搖。

長輩開始戒酒後，就盡量將酒類相關資訊給擋掉。

像這樣，盡可能別讓當事人看見他想戒掉的事物，便是支持者的工作。

「我從今天開始戒菸，幫我把香菸給丟了吧。」

如果做爸爸的這麼告訴孩子，相信孩子們會很開心地「伸出援手」才是。

那麼，要找誰來助自己一臂之力比較好呢？我建議最好找自己能夠輕鬆拜託的人，比方說：妻子、伴侶、上司、同事、前輩、晚輩、父母、子女等等。

找自己親近的人來當「支持者」，這麼一來，在眾目睽睽之下，如果中途打退堂鼓，一般人就會覺得很丟臉，而且內心深處對於支持者的協助也會感到歉疚。只要想到有人在一旁支持著，每個人都可以自然而然地繼續做下去。

第6章

藉助行爲科學，便能持之以恆

——第1章出現的人們

故事
1

隨身攜帶教材——進修英語會話

首先，A君明確地訂出自己的「目標行為」，那就是「想要確保有時間可以進修英語」。

打定主意之後，他去找自己的頂頭上司，說明了自身的決定與遭遇的難處，請上司在他上英語課的日子別讓他加班。由於上司感受到他「為了工作而進修英文」的熱忱，所以相當鼓勵，很快就答應了。但上司也提出了條件，就是平常的日子A君要比現在更有效率地工作。

（沒想到事情比預期的還要順利。）

A君暗地裡比了個勝利的手勢。雖然上司二話不說就答應了他的請求，他因為「不費吹灰之力」就談定而覺得有點失落，但這麼一來他也就不能半途而廢了。「為了不讓同事看笑話，這下真的要好好讀書才行。」雖然覺得有壓力，A君仍舊重新下了這個決定。

由於A君的申請，辦公室訂立了一項新規定：「進修英語的同仁可以準時下班」。這個消息一發布，公司上下就出現了好幾個想學英文的同事，整個公司變成了可以不用顧慮周遭、得以安心學習的環境。

遇到上課日的時候，英語補習班會發電子郵件給A君。當A君向公司提出「準時下班」的申請時，人事單位也會核可，沒有任何刁難。最初當補習班寄信來提醒A君去上課，A君就把郵件轉寄給上司，並且申請準時下班。這麼往返幾次之後，上司告訴他：「以後不用再轉寄補習班的信給我了。」於是，準點下班補習英語，就成了理所當然的事。

以往放在上課專用包包裡的教材，A君則改成收在他上班用的背包裡，隨身帶著。因爲如果將教材放在「上課專用」的包包，只有上課時才會去拿。經常隨身帶著教材的話，通勤時在捷運裡就可以稍微讀一下。

A君上的英語會話課程一個禮拜兩次。其中，星期五的課是和外籍講師一邊吃飯、一邊練習。由於一對一教學的費用很貴，所以他邀公司幾位同事一起參加，大家一塊兒分攤鐘點費。

一邊品嚐美食、一邊練習英語，眞的很有樂趣。

不過呢，沒有上課的日子A君很容易懶散下來，變得不太想讀英語。加班的日子尤其想偷懶，這令他很傷腦筋。幾經思量，他做了個設有權限的部落格，只有朋友才可以進入、閱讀文章。

他會在部落格用英文寫下當天的學習內容、習題以及感想。就算內容再短，也會每天更新，請講師批改。

另外，還要減少阻礙學習的「敵對行爲」。

接下來，A君思考著要怎麼樣改變原先的網頁。最後，他決定邀請網友們來逛他的英語部落格。部落格文章整篇都是英文的話，通常不太受歡迎，甚至會令人卻步，因此他另外寫下翻譯。這麼做眞的很花時間，不過他也在這個過程中學到了很多。最初感到困惑的網友們，漸漸轉而支持A君，A君也因此更加努力地學習。

不只是A君，跟他一起上英文課的同事也想了種種辦法要提升自身的英語能力。比方說，有愛看電視的同事把電視插頭給拔了，但還是忍不住想看電視，最後索性把電視給收進儲藏櫃裡。聽到同事們這麼無所不用其極地要敦促自己持之以恆地學英文，A君更覺得自己不能鬆懈。

（我可不能輸給你。我看多讀半個鐘頭好了。）

就這樣，A君的英語能力不斷地進步。

故事2

離便利商店遠一點——減肥

只要一上便利商店，春子就會買個點心。儘管她已經下定決心不吃零食了，但體重仍然增加了一公斤。

（我眞是服了自己。不但沒有瘦下來，反倒變重了。）

後來，春子發現自己體重減不下來是因爲「只要看到點心就會想拿」。於是，她乾脆把心一橫，決定不再去便利商店。從此，午餐她改吃自己做的便當，外食時則以蔬菜等輕食爲主。

用專門術語來說，春子的做法稱爲「消除行爲的助力」。減少去便利商店的次數，吃零食的機會自然而然跟著減少。

此外，春子還會一絲不苟地計算自己沒去便利商店的次數，然後在桌曆上蓋圓章。雖然她沒有將體重變化繪製成圖表，但是看著圓章數目逐日增加，心裡同樣覺得受到鼓舞。這是「回饋效果」。

現在，就算是晚回家，她也會忍著飢餓直到進家門。因爲餓肚子加班很難受，爲了能夠早點回家，她連工作效率都提升了，這是意外的收穫。

回到家之後，春子會告訴家人自己白天去過哪些商店、吃了什麼，好讓父母稱讚自己。母親尤其珍視春子的計畫與決心，很努力地幫助自己的女兒，不吝惜給她鼓勵。比方說她會告訴春子：「你已經變得排斥上便利商店了呢。」經母親這麼一說，春子就覺得自己明天有動力繼續努力。

雖然跟過去一樣，春子還是騰不出時間做運動。但因爲持之以恆地控制每天的卡路里攝取量，她的體重開始慢慢下降。

但好死不死的，有一天她不小心踏進了便利商店。

（我只是要去ＡＴＭ領點錢而已。）

她心裡這麼想，一派輕鬆地踏入店裡。可是，一看到架上五顏六色的點心後，她又破功了。

（偶爾爲之沒關係吧，反正我也要把千元大鈔找開啊。）

結果呢，那次她買了喉糖和最愛吃的布丁。

那天回到家之後，她在桌曆上打了個「×」，深自反省。從此以後，她就改到銀行的提款機領錢了。

後來，她甚至索性不帶錢包和提款卡出門。因爲身上若是帶著提款卡，便有可能會順便繞到附近的便利商店逛逛。剛開始身上不帶錢包令她覺得很不安，但久而久之便習慣了。

銀行的提款機不收取手續費，所以春子就把省下來的手續費當成「減肥儲蓄」存起來，截至目前爲止已經存了一千八百元左右。雖然春子規定自己可以用這筆錢買點心，但實際上她不想這麼用，她打算存滿三千元後提領出來買個小首飾犒賞自己。

午休時間，她長期以來暗戀的對象甚至會對她說：「你帶便當啊，看起來好好吃欸。」

「會做飯的人眞好，像我都只能吃便利商店的便當。」

春子幻想著日後爲他做便當的場景，不禁面紅耳赤。

故事 3

提高敵對行爲——戒菸

C君將公司的頂樓定爲抽菸場所，但是遇到下雨天就很悽慘。只能瑟縮在窄窄的屋簷底下，稍微淋著雨，偷偷摸摸地躲著抽菸。

（我看還是戒菸好了。）

C君留戀不已地看著點燃的香菸，心中還是感到有些不捨。紫色的煙隨著風飄逝而去。

（決定了，這是最後一根。）

他深深地將紫色的煙吸滿整個胸腔——這一次，C君是眞的下定決心了。

回到辦公室的座位之後，C君將剛剛拆封的香菸送給了抽菸的部屬。「從今天開始我要戒菸了。打火機一併給你好了。」

他將外國製的高級打火機交到部屬的手中，便前去會議室參加下午的會議，留下詫異不已的下屬。

晚上回到家之後，他在所有家人面前發表了戒菸宣言：

「考慮到健康，我決定戒菸了。」

語畢，他便跟家人一塊兒將家裡所有菸灰缸和打火機收集起來，裝進塑膠袋裡，打算當不可燃垃圾丟掉。就連香菸存貨也統統丟進了袋中。

而且，他還請孩子助他一臂之力。

「你們的鼻子很靈吧？你們可以每天聞看看我身上有沒有菸味。如果你們聞到我的身上有菸味，我就買東西給你們。」

「可以買遊戲軟體嗎？」

「可以，這是男人之間的約定。」

孩子們聽了開心地歡呼。

C君變得越來越快樂了。告別了香菸雖然有點寂寞，但是他對於自己嘗試新鮮事覺得非常有意思。

連飲食習慣他也一併調整，現在用餐只吃八分飽——因爲吃全飽的話，他就會想抽菸。另外，妻子也提出了建議：

「那吃完飯後改喝咖啡吧，我來泡。」

「喝咖啡會讓我想抽菸，給我綠茶吧。」

就這樣，C君改變了以往用餐後的習慣，以避免自己想抽菸。這種做法稱爲「替代行爲」，它對於減少「目標行爲」很有效。

從宣告戒菸的第二天開始，C君身上就不帶香菸了。

「課長，想不想來一根？」

癮君子部屬用手指在嘴唇前比了個抽菸的姿勢。

「老地方見，怎麼樣？」

「今天我不抽了。」

「這樣心理壓力會更大欸。」

「沒關係，我想抽菸的時候，你再一根二十元賣我好了。」

C君逐漸有意識地築起防線，以切斷香菸的誘惑。

戒菸的時候，敵對行爲就是「抽菸」。C君故意將「敵對行爲」

的難度提高，也就是不帶香菸、不買香菸、不拿別人給的菸，身上也不帶零錢。這麼一來，便能拉長不抽菸的時間。

當天午休時間，C君進一步在部屬面前發表戒菸宣言。女職員們聞言，立刻讚許地鼓起掌來。

「你們就斜眼盯著我好了。」C君半開玩笑地說。

但是沒過多久，他的菸癮就來了，想抽菸想得慌。正當他焦躁不安之際，同期的課長告訴他一個好方法：

「每當你想要抽菸的時候，就先忍耐個十五秒。這方式在心理學上是有根據的喔。我也是這樣戒菸的。」

「眞的？謝謝，我試試看。」

於是C君便聽從課長的建議，想抽菸的時候盯著手錶狠狠地忍了十五秒，似乎眞的有用呢。女職員則告訴他「深呼吸也很有效」。

吃午餐的時候，C君找了討厭抽菸的經理同行。

「我看不要好了，我不和抽菸的人一起吃飯。」

「我昨天開始戒菸囉，可是獨自一個人吃飯的話，就會開始想抽菸。所以才邀你一塊吃啊，賞個臉吧？」

經理聽他這麼說，也就答應了。和經理一塊兒用餐一個月後，C君終於改掉了午餐後抽菸的習慣。

另外，他還打定主意再也不踏進熟悉的居酒屋，因爲他沒有自信在身旁眾人全都呑雲吐霧的狀況下還把持得住。萬一同事要聚餐喝酒，他就把經理給一塊兒找去，而且一定坐在他旁邊。

經理不禁誇讚他：「C君，你的意志可眞是堅強啊。」

「這跟我的意志是堅強還是薄弱沒有關係啦，其實這是行爲科學，誰都做得到的。」

「行爲科學？那是什麼？」

於是C君開始對經理簡單說明「目標行爲」和「敵對行爲」等行爲模式……

故事4

用集點卡分攤家務——整理居家環境

家裡一片狼籍！

美靜跟老公的感情向來很好，沒想到昨天竟然因爲家事大吵一架。爲了修復夫妻間的感情，美靜先開口道歉。

「昨天的事很抱歉。」

「我也說得太過分了。對不起。」

於是，在接下來的星期六，全家人又開了一次家庭會議。

美靜所提出的構想，是每天花二十分鐘的時間整理房間。她把這項活動定爲「目標行爲」，並且邀全家一起想想看有沒有什麼具體的方法可以提供「目標行爲」助力。

「我看別再睡那麼晚了，上班都快遲到了才醒來。」丈夫雙手環抱胸前說道。

「也有好方法啊。」美靜說道，其他人不約而同地看著她。「全家人一起分攤家務就好啦。」

「這方法之前就試過了，失敗了啊。」原以爲老婆會有什麼新點子，沒想到是老調重彈，老公一聽便笑了出來。

「幫忙做家事的人，就發零用錢當獎勵好了。錢由我出。」

「給錢對子女教育不太好吧，有沒有其他方法？」

「也是。不然想想別的法子好了。」

在老公的提議下，最後美靜採用了「集點卡」制度。家中每個人都有一張集點卡，只要有做家事就可以貼點數。

「每貼滿一張集點卡，就去外頭吃一頓大餐。可以去你們想要去的店，這樣好不好？」

「好啊、好啊，就這麼辦！」孩子們高興地附議。

好久沒出現家人凝聚在一起的感覺了。

不過，還要嚴格訂定一些規矩。比方說：自己用過東西後，一定要自己動手整理。自己所負責的場所，一定要盡責管理。違反規定的人要扣點數。全家人還約好每天要整理家裡二十分鐘。

另外，大家一致決定，一星期以上沒用到的東西就要丟進垃圾桶，由美靜負責準備分類用的垃圾袋。

「不過，光是靠集點卡，做起來似乎沒那麼起勁。不如再找其他人來給我們施加壓力吧。」

「要怎麼做？」

「我們可以經常請人來家裡坐坐啊。只要有客人來，就算再怎麼不喜歡，也得整理房間，對吧？」

「媽媽，二樓也要一台吸塵器。從樓下搬上去好重欸。」

「老婆，我看你就買一台給他們吧。讓事情簡單一點，自然就會做了。」

「好吧，我買小吸塵器給你們，明天就去電器行找找看。」

此外，他們還在各個重要的地方貼上標語：「水桶放置處」、「看過的報紙丟這裡」、「這裡不要放○○」等等。

他們甚至計算起丟垃圾的次數。因為散落在地上的東西大多是垃圾，但卻沒有人注意。

這麼雷厲風行之後，整個居家環境煥然一新。所有家人的點數也很順利地持續累積。只不過，兩個禮拜後，大夥兒就開始經常被扣分了。難不成做到一半沒勁了？後來大家理出幾個原因：

「一連幾天加班，回到家就很不想整理。」「吃過晚餐就去看電視了。」「假日要出門，時間會卡到。」

以上這些狀況，都屬於「被敵對行為干擾」的情形。

於是大家就這些問題進行討論，最後決定將電視插頭拔掉。只在想看電視的時候看，看完後一定把插頭拔掉；這項規矩也列入扣分條件。另外還規定假日要中午之後才可以外出，上午要打掃家裡。

一個月後，最先集滿一張集點卡的老大，如願吃到了涮涮鍋。

就這樣，美靜一家人開始養成了整理的習慣。

故事 5

因妻子的協助得以持之以恆——寫日記

這天晚上，E君從書架上重新取出已經幾個月沒碰的日記本。封面已經褪色，上頭甚至蒙了一層灰。

（又中途放棄了。有沒有什麼好方法啊？）

「你沒在寫日記，對吧？」

E君一回頭，發現妻子正站在他身後笑著。

「果然不出我所料，寫沒多久就放棄了。」

「別這麼說嘛。我工作很忙啊。」

E君的「目標行爲」，就是「騰出時間寫日記」。爲了增加自己「不足的行爲」，於是他請妻子一塊兒集思廣益，看看有沒有什麼好方法。

「我們來交換日記如何？」

「交換日記？」

「寫東西有對象的話，會比較容易持續進行吧。」
「可是，我寫的是商業日記欸。」
「你只要寫創業的事就可以了，老公。至於我，就寫寫自己白天做了什麼事。兩天寫一次，負擔會比較小吧。」
「說得也是。」
「都已經是老夫老妻了，還做交換日記這種事，感覺很不好意思……」E君原本這麼想，但因爲不想辜負妻子的體貼，最終他還是答應了。
「你在自己的桌子寫日記。這裡，就是你寫日記的地方。吃過晚飯，你就在這裡寫些東西吧。」
「那你呢？」
「我在客廳的茶几上寫，同樣吃過晚飯後寫。」
「我知道了。」
但是，情形並沒有兩人原先所想的那麼順利。因爲夫婦倆習慣一邊吃晚飯、一邊看電視，結果兩個人就這樣閒散地繼續看下去。
「有電視不行欸。」
「但是商業新聞一定要看啊。」
「那改聽收音機吧，電視就先別看了。」
「你當眞？」
緊接著，妻子便二話不說將電視插頭拔掉，俐落地捆好電線。
「收進壁櫥裡吧，不然連我也會跟著看。」
「你是認眞的啊？」
「當然囉。但是一個月就好啦。等到寫日記的習慣上軌道後，再拿出來吧。」
妻子都這麼說了，E君也沒辦法拒絕，畢竟這一切都是爲了自己。於是他只好將電視收進壁櫥裡。
「寫完日記再上網喔。」
「好啦、好啦。」

E君在自己的書房翻開了妻子給的日記本。老婆寫了什麼呢？映入眼簾的，是老婆對他的感謝：

「工作辛苦了。因爲有你，我過得很幸福。今天我買了新的口紅喲。週末一塊兒外出時，我會將它塗在嘴唇上，你要看我喔。」

（這傢伙，居然寫這些……）

讀了老婆率直熱情的日記後，E君感到胸口發燙，於是在日記上寫了像情書般的內容，只在最後寫了幾行創業的情況：

「到明年我一定會自行創業，你就等著看吧。一開始或許會讓你很辛苦，但是有朝一日一定會讓你過得比現在還要好。你就相信我，繼續陪著我吧。」

寫完日記後E君走出書房，眼眶泛紅。

「寫好啦？」

「寫好了。不過……你明天再看。」

爲了維持寫日記的習慣，E君還換了個地方放日記本。因爲放在書架上的話，要拿取實在太麻煩了。現在他將日記本放在書桌上，任何時候都可以寫。筆也和日記放在一起，這樣一來一吃完晚飯就可以寫。

洗過澡後，E君上網收電子郵件，也順便看看創業網站。也許是因爲寫日記太耗腦力、太累了，所以他早早就上床休息。

（這種生活形態也滿好的啦。）

回家後先用餐，接著寫日記，然後洗澡、上網。明天也照這個順序做吧。

妻子的協助奏效了，直到現在E君仍繼續寫日記。他將這個情形告訴創業網頁的網友們。

「創業日記啊？那我也來寫寫看。」

「說話要算話喔，不然就無法在部落格上互相報告近況了。」

除了家人，這下又多了其他「日記伙伴」，這麼一來更不能停止寫日記了。能這樣持續下去，E君自己也很驚訝。

一個月後，E君得到了妻子的允許，將電視機放回原位。但是他的習慣已經不同以往，不會再像過去那樣懶散地一直看電視了。有時候他會把需要的節目錄下來，錄滿一整個禮拜之後再一口氣看完。

E君的私生活完全改變過來。他不再無端地浪費時間，而是確確實實地爲自己的創業做準備。

結語

截至目前為止，關於「可以藉行為科學解決的事」，都在我所寫的以下幾本書中。

寫給組織領導者

《リーダーのためのとっておきのスキル》（Forest 出版，暫譯《領導者應具備的手腕》）。

管理階層要引出員工自動自發的工作熱情時，要應用到哪些行為科學呢？本書有詳盡介紹。這種管理方式不只適用前百分之二十優秀的員工，也可以引導出另外百分之八十員工的潛力。本書還介紹任何人都能夠建立的層級性人際關係。

自我管理

《絕對做得到的持續術》（即本書）。

以行爲科學的方法爲基礎，讓讀者了解如何自我管理，從而持之以恆地進行一件事。

教育

《ママのやさしさが学力を伸ばす》（PHP研究所，中文譯本《不可思議的成績進步法》由如何出版社出版）。

介紹教學管理方法，讓學習者在習得某項行爲的同時，能自動自發地學習。

在管理層面，「行爲科學」是一門可以解決各種問題的技術。

就在一年前，我在日本出版了「行爲科學職場篇」，當時單純是希望協助領導階層（尤其是中小企業）從事管理。

我的前一本著作、前述的《リーダーのためのとっておきのスキル》，則是行爲科學管理得以在日本公開的證明。該書問世至今，日本已有上百家企業舉行研討會、公司內部研習，將行爲科學導入其管理。

看到大多數商業人士對於行爲科學有這麼大的回響，令我十分欣慰。

的確，行爲科學可以活用在公司內部的管理上，也能用於自我管理。但是，我會想推廣行爲科學，還有其他用意。

我希望能將它引介給「表現未能如自己預期的重度障礙的孩子們」，特別是自閉症的孩童，我希望能幫助他們活用「行爲科學」這門技術。

自閉症的孩子無法自我表現，並非因爲精神上出了問題，也不是個性的關係，更不是他天生就無法表現。藉由「將做法細分，好讓對方能夠理解」、「讓當事人自己能夠繼續做下去」等行爲科學的方法，這些孩子便能漸漸地表現自己。

遺憾的是，目前在日本擁有「行爲分析士」資格的人非常少，而且日本全國對它的認知也還不深。或許正因爲如此，即使擁有這種卓越的技術，但由於日本的商務基礎遠不如歐美各國，行爲分析士也沒什麼發揮的餘地。辦相關講座時，報名人數常常不足。

爲了這些需要行爲科學技術協助的孩子們，我會繼續推廣這門學問，讓大家知道行爲科學的優點。

我自認是日本國內能夠將行爲科學這門技術推廣給普羅大眾的唯一「業務員」。正因爲如此，我希望創造出行爲分析士可以工作的社會、經濟環境，讓分析士們能夠成功地讓其對象了解行爲科學——即便只是多拯救一個孩子，也功德無量。

成爲行爲科學的「佈道者」是我的天職，也是我畢生的使命。

我藉行爲科學找到的並非自己想做的工作，而是必須由「我」來做的工作——是我「必須做的工作」。

出版這本書的時候，我在長野縣的職員集訓中向學員表示希望宣導行爲科學。我頭一次請求職員們協助：「雖然多少有點辛苦，但是請各位務必幫我這個忙。」感謝在場所有同仁欣然允諾提供協助，我銘感五內。

國家圖書館出版品預行編目資料

絕對做得到的持續術 / 石田淳作 ； 邱麗娟譯. —
二版. — 臺北市 ： 大塊文化，2020.04
面 ；　公分. —（smile ； 88）
譯自 ： 「続ける」技術
ISBN 978-986-5406-63-9（平裝）

1.行爲科學 2.行爲心理學 3.成功法

176.8　　109003050

LOCUS

LOCUS

LOCUS

LOCUS